RECIPROCIDAD MAPUCHE

*

FRENTE DE CIVILIZACIÓN
Y
FRENTE DE GENERACIÓN

Edición: Dominique Temple

Impresión bajo demanda: Lulu Press, Inc., 2024

ISBN : 979-10-97505-21-9

Depósito legal: Noviembre 2024

Dominique Temple

RECIPROCIDAD MAPUCHE

*

FRENTE DE CIVILIZACIÓN
Y
FRENTE DE GENERACIÓN

Collection « *Réciprocité* », n° 22, 2024

Sumario

RECIPROCIDAD MAPUCHE

*

FRENTE DE CIVILIZACIÓN

Y

FRENTE DE GENERACIÓN

(p. 129)

RECIPROCIDAD MAPUCHE

I

LA RECIPROCIDAD
EN LA PALABRA POLÍTICA DE LOS MAPUCHE

Este texto fue publicado en París en 1986, a la atención del público francés, para dar a conocer las categorías de reciprocidad que permiten traducir la originalidad de la economía mapuche según la terminología occidental.

1. LAS ESTRUCTURAS DE RECIPROCIDAD DE LA SOCIEDAD MAPUCHE

Las comunidades

En el *Cuadernillo de Información Agraria* n°12 "El pueblo mapuche: historia antigua e reciente"[1], se encuentra un resumen de la antigua organización de la sociedad mapuche desde un punto de vista económico, en el que se recuerda que ésta estaba constituida por familias extensas:

> «El **lobche** era la unidad económica encargada de esta producción y también de su consumo. Cada **lobche** estaba formado por un grupo más o menos grande de parientes».

Una nota específica:

> «Estos grupos de parientes también se llaman "familia extensa". Familia extensa es aquella compuesta no sólo por el padre, la madre y los hijos, sino también por otros parientes cercanos (tíos, abuelos, primos, cuñados, yernos, nietos, etc.)»[2].

Esta unidad de economía doméstica es un modelo extremadamente extendido en el mundo. No es otro, por ejemplo, que el *oikos* en el que los griegos fundaron la

---

[1] *Cuadernillo de Información Agraria*, n° 12 "El pueblo mapuche: historia antigua e reciente", Grupo de Investigaciones Agrarias, Academia de humanismo cristiano, Santiago, Chile, marzo 1984.

[2] *Ibíd.*, p. 11, nota 14, p. 13.

oikonomia de la que se deriva el término moderno *economía*: es la unidad de producción y de consumo de la familia extensa cuya razón es la satisfacción de las necesidades de todos, y donde *todo es común*. Esta forma de compartir también se llama "reciprocidad colectiva" (*uno para todos, todos para uno*), que tal vez pueda llamarse "comunión". Y ya, la contradicción entre su principio –la reciprocidad– y el principio de la economía gobernada por la acumulación capitalista es una antinomia porque es, de hecho, la necesidad de todos y su satisfacción lo que motiva la producción recíproca y no la acumulación ilimitada de la riqueza de unos para superar a otros y dominarlos.

«Estas unidades familiares sólo se ocupaban de la satisfacción de las necesidades del grupo. En otras palabras, se producía sólo lo necesario para mantener en un nivel aceptable, a los individuos que formaban el *lobche*. Este sistema de producción y consumo llamó la atención de los españoles que estaban acostumbrados a la "ganancia" y al "lucro", fruto de la explotación de unos hombres por otros. No podían entender el sistema de producción mapuche. Así se lo señala un cacique a un español: "No hemos apetecido reinos, tierras ni señoríos. No hacienda, oro, plata, gala ni arreos: que la vida humana se contenta con poco cuando no es mal contenta ni ambiciosa. Así nunca hemos hecho guerra, ni pretendido amplificar nuestro señorío"»[3].

---

[3] *Ibíd.*, p. 11 (cita de Diego de Rosales, *Historia General del Reyno de Chile*, 1877, Imprenta de El Mercurio, Santiago, Chile).

Como hemos dicho, la reciprocidad implica romper cualquier relación egoísta o auto-devuelta (llamada a veces incestuosa). Tampoco puede limitarse a una "identidad selectiva", como la familia nuclear, por ejemplo. Claude Lévi-Strauss formuló bien esta ley de las organizaciones comunitarias: la identidad constituida por una relación cara a cara de reciprocidad pero cerrada en sí misma estaría condenada al mismo desenlace fatal que la identidad del individuo que pretendería ser autosuficiente, si no se abriera sistémicamente a los demás. Es en *Las Estructuras elementales del parentesco*, en el capítulo dedicado a la organización dualista, que Lévi-Strauss ilustra la ley de la prioridad de la alteridad sobre la identidad, al referirse al trabajo de R. F. Fortune: *Sorcerers of Dobu*[4]. Este autor destaca la costumbre según la cual todos los miembros de una comunidad se asocian entre sí al momento de celebrar un matrimonio proprio con una persona de otra comunidad, pero que, cuando el matrimonio tiene lugar dentro de su grupo, deben, para poder legitimarlo, dividirse previamente entre dos mitades, de tal manera que cada una pueda considerar a la otra como diferente. La "diferenciación", la alteridad, es entonces un requisito previo para la reciprocidad. Esto es una condición constitutiva de la relación recíproca: la reciprocidad formal que se confundiría con una simetría que redoblaría la identidad sobre sí misma ignoraría lo que define la reciprocidad antropológica.

Recordemos que la reciprocidad antropológica plantea como condición para la aparición de una conciencia común

---

[4] Véase Claude LÉVI-STRAUSS, *Les Structures élémentaires de la parenté* (1949), 2ª ed. Paris-La Haye, Mouton, 1967.

la relativización de sensaciones antagónicas como la diferencia y la identidad, la ansiedad y el deseo, la oposición y la unión, la atracción y la repulsión, de modo que de su relativización mutua aparece un *sentimiento contradictorio*. Este sentimiento nacido en esta situación que Lévi-Strauss describe como "contradictoria", se convierte dentro de la reciprocidad en una conciencia afectiva exactamente igual para uno que para el otro, ya que producida tanto por uno como por el otro. La reciprocidad es la ocasión tanto de esta relativización como de esta reflexión sobre sí misma de la afectividad, que aparece al hombre como una revelación, la misma que, en mi opinión, los Mapuche llaman entonces el Espíritu (*Ngünechen* o *Pillán*...), y que por lo tanto ahora conecta los *lobche* entre ellos.

Es a partir de la apropiación de la tierra y la producción de alimentos que el trabajo, en los Mapuche, recibe una definición opuesta a la que prevalece con el colonialismo. Para los Mapuche, el trabajo está directamente asociado con la producción para otros. Dentro de la comunidad, en la intimidad del *lobche*, la reciprocidad es inmediatamente *productora y consumidora*: el trabajo se inserta en la reciprocidad, en otras palabras, la reciprocidad es el modo de relación que informa el modo de producción económica y da forma y valor al trabajo. El valor del trabajo es entonces el valor de uso impregnado del sentimiento creado por la reciprocidad y no solamente la utilidad que podría serlo por cualquier otro modo de apropiación: el esfuerzo del trabajo se justifica por el sentimiento ético que produce. En las categorías de Karl Marx, el "consumo productivo" está directamente asociado a la "producción consumidora".

Recordemos que en el análisis de la producción capitalista, Marx muestra que el *consumo productivo* se refiere al gasto de energía productiva del capital, es decir, al trabajo asalariado cuya el trabajador no controla el valor de uso. Por lo tanto, el trabajador no puede motivar su trabajo con el esfuerzo que se justificaría por su participación en la creación de una obra común que pueda crear felicidad.

Por *producción consumidora*, que Marx también llamó *consumo verdadero*, se refiere al consumo de la energía necesaria para la producción de su bienestar, su poder espiritual, sus sentimientos, sus valores éticos, su cultura; un valor del que el productor es plenamente responsable, valor tal como lo entiende el hombre libre y soberano. Esta distinción, raramente especificada cuando se habla de trabajo, es crucial: por un lado, repitámoslo, el trabajo está separado de la responsabilidad de su autor que tiene ningún control sobre él. Por otro lado el trabajo se entiende como el de un hombre responsable de sus acciones. Esta distinción se ha vuelto crucial porque el sistema capitalista es interminable o ilimitado y los hombres que contribuyen a él han perdido cualquier posibilidad de detener su crecimiento ciego. Esta distinción parece irrelevante a los capitalistas que aún no se han dado cuenta de que si ya nadie controla el crecimiento de un sistema basado en las ganancias, su pasión, que se justifica solo en un mundo de recursos infinitos, conduce a la guerra, a la implosión, al caos, en el momento que los recursos del planeta están limitados. Pero esta distinción parece también poco importante a los proletarios para quienes el trabajo, aunque esclavizado a la producción de capital privatizado les asegura a través del crecimiento general una mejora sustancial en sus condiciones de existencia. De hecho, es el aumento del poder adquisitivo de los empleados lo que asegura el consumo de la producción capitalista y su *consumo productivo* lo que, al promover la mejora cualitativa de estas condiciones de existencia, asegura la innovación de nuevos valores de uso susceptibles de motivar la inversión de capital con vistas a su crecimiento.

Pero la crisis ecológica significa en el fundo que la ciencia y la tecnología permiten una explotación casi inmediata de los recursos del planeta hasta agotarlos y que ese crecimiento, que moviliza capital y mano de obra, está llegando a un umbral crítico.

Volvamos a la situación de los Mapuche, la "gente de la tierra", y por ende de los campesinos chilenos. Recordemos el argumento inicial de Marx: fuera de toda integración en una relación de reciprocidad que justifica su inversión, la fuerza de trabajo que no tiene otra función que la de mantener solamente su reproducción por un salario, está determinada por una relación de fuerza para someterla a la producción del capital. Esta relación de fuerza se instituye cuando la apropiación de la tierra y su distribución entre los *lobche*, es confiscada por los colonos para su propio lucro. Aquí la desaparición de la reciprocidad a la que se sustituye un intercambio entre salario y fuerza de trabajo implica inmediatamente un cambio en la naturaleza del producto del trabajo. Esta cuestión de la privatización de la propiedad es, pues, decisiva.

«El **lobche**, en cambio, no estaba sometido a ningún dominio y gozaba de independencia porque controlaba sus recursos productivos: la tierra, los implementos técnicos y la fuerza de trabajo. Así lo explica un escritor español... Las tierras "les han venido de sus antepasados, y de las cuales, por medio de agricultura sacan ellos su sustento... cada familia tiene su territorio, que no le es disputado por alguno otro, del cual no sale ninguna de aquellas parentelas, y lo poseen como de común"»[5].

Y entre los Mapuche, el trabajo no puede ser mutilado de su función social.

«A través del **lobche** también se organizaba el trabajo y se decidía cómo redistribuir los productos que se obtenían. Los trabajos agrícolas, efectuados con instrumentos manuales (huellos), eran realizados comunitariamente (mingaco) y rodeados de un ambiente de fiesta: "Estos días son de regocijo y entretenimiento entre ellos... la campaña donde están trabajando está sembrada de cántaros de chicha y diversos fogones con asadores de carne, ollas de guisantes, de donde las mujeres les van llevando de comer y de beber a menudo"»[6].

Cada uno recibe de sus relaciones con los demás los sentimientos y valores que produce la relación de reciprocidad y si los Mapuche construyen la alegría común como los fundadores de la economía política griega la *eudaimonia* (la felicidad) por el esfuerzo en el trabajo, en cambio, es difícil para los colonos sentir tales sentimientos desde el momento en que ya no practican la reciprocidad. Fascinados por el oro y la plata, movidos por la acumulación privatizada de capital, están naturalmente

---

[5] *Cuadernillo de Información Agraria, op. cit.*, p. 12 (cita de Felipe Gómez de Vidaurre, *Historia geográfica natural y civil del Reino de Chile*, 1889, Colección de Historiadores de Chile, 14 y 15, Santiago, Chile).

[6] *Ibíd.*, p. 12-13 (cita de Francisco Núñez de Pineda y Bascuñán, *Cautiverio feliz y razón de las guerras dilatadas de Chile*, 1863, en Colección de Historiadores de Chile, III, Santiago, Chile).

animados por los sentimientos producidos por la privatización de la propiedad y la acumulación capitalista. Pero solo pueden interpretar lo que observan en los Mapuche ignorando radicalmente sus valores. En la ceguera sobre la finalidad de la producción-consumo del sistema mapuche, defienden la idea que pueden deducir de lo que produciría el trabajo mapuche si se integraría en su sistema de no reciprocidad y privatización de la propiedad, es decir, como si los Mapuche fueran sus empleados potenciales, o mejor dicho según una representación mutiladora de toda dimensión ética y de toda conciencia afectiva específica del valor.

> «Los españoles, en cambio, con otra manera de enfrentar la vida y de pensar, encontraban que este sistema económico de los mapuches era propio de "gente holgazana que no tiene otro oficio y cuyo mejor trabajo es sembrar, y como se contenta con poco, es poco lo que éstos trabajan, y los demás del tiempo lo gastan en comer, beber, bailar y jugar"»[7].

Esto no impide que si esta economía podía ser sobria pero suficiente para crear abundancia para todos, era capaz de producir los sentimientos que se expresan por la alegría de la danza, de la música o de cualquier otra forma de arte y de amor.

> «Los productos agrícolas más importantes eran la papa (se conocían 30 variedades), el maíz, el ají, los porotos, la quínoa, el zapallo, el mago, el madi, la teca y la frutilla. Un español de esa época, refiriéndose a la

---

[7] *Ibíd.*, p. 11-12 (cita de Diego de Rosales, *op. cit.*)

zona de Concepción, escribía: "Los naturales tienen maíz y frijoles y papas y una hierba a manera de arena que es buen mantenimiento para ellos"»[8].

«Cada **lobche** se cobijaba en una o más *ruca* (casas): "Las casas, las cuales los naturales tienen muy bien hechas y fuertes, con grandes tablazones, y muchas muy grandes, y de a dos, y cuatro y ocho puertas. Tiénenlas llenas de todo género de comida y lana." Los lobches se ubicaban en forma muy dispersa, a una buena distancia unos de otros, no existiendo formación de pueblos»[9].

«Las palabras anteriores muestran la importancia del parentesco en la vida social y cultural del mapuche. Los lobches son la unidad básica de la sociedad mapuche. Estos grupos de parientes se relacionan con otros grupos de diversas formas, pero principalmente por lazos matrimoniales. Parecería ser que en el siglo dieciséis existieron grupos más amplios y permanentes, formados por varios lobches emparentados entre sí. La palabra **rehue** o **regua** parece indicarlo: "Ciertas veces al año se ajuntan en une parte que ellos tienen señalado para tal efecto que se llama **regua**, que es tanto como decir 'parte donde se ajuntan'… Este ajuntamiento es para averiguar delitos y muertos, y se casan y beben largo." […]»[10].

---

[8] *Ibíd.*, p. 9 (cita de Jerónimo Bibar, *Crónica y Relación Copiosa de los Reynos de Chile*, Fondo Histórico y Bibliográfico José Toribio Medina, Santiago, Chile, 1966).

[9] *Ibíd.*, p. 13 (cita de Pedro de Valdivia, *Cartas de relación de la consulta de Chile*, Editorial Universitaria, Santiago, Chile, 1970).

[10] *Ibíd.*, p. 14 (cita de Jerónimo Bibar, *op. cit.*)

Los límites del parentesco son superados por una forma de reciprocidad ampliada que comentaremos desde una perspectiva religiosa, (el *Ngillatun*). Se trata ahora de la asamblea que constituye la comunidad a partir del mismo principio que organiza la comunidad de base, la comunidad de parentesco en la familia extensa, el *Lobche*. Esta asamblea periódica constituye ya el esbozo de una comunidad política en la que las dos dinámicas de benevolencia y de malevolencia están dominadas por el principio de reciprocidad.

«Des este modo, la independencia del **lobche** estaba de alguna manera limitada por esta reunión más amplia o *rehue*, donde se administraba la justicia y se sancionaban las relaciones entre los grupos. Cada parentela o grupo de lobches contaba con un **cacique**, también llamado **lonco** por los mapuches[11]. Esto significa que existían muchos caciques. Pero entre todos ellos se reconocía a uno como Cacique General, "por más antiguo o más noble en linaje"»[12].

«Así: "La organización política de la sociedad mapuche se caracterizaba por la ausencia de un poder central. Como escribe un español "No sólo se resistieron al señorío Inca, sino que jamás quisieron admitir rey, no gobernador, ni justicia de su propia nación... por esto tiró cada uno por su camino, o cada familia y parentela por el suyo, eligiendo cada una de entre todos al más digno y al más anciano para que los

---

[11] *Ibíd.*, en nota 22, p. 15: «Los españoles llamaron **toquis** a todos los caciques. Sin embargo para los mapuches, los toquis eran sólo los jefes en tiempos de guerra.»

[12] *Ibíd.*, p. 15 (cita de Diego de Rosales, *op. cit.*).

gobernase, a quien se sujetan los demás, sin imperio, o presión ni vasallaje… sin pagarles pecho, ni darle más obediencia que la del respeto de parientes"»[13].

La visión que se desprende de estos comentarios es la de una organización política y no religiosa. Ahora bien, veremos cuán importante era esta, si no decisiva, cuando los observadores eran sobre todo misioneros. Las *dos Palabras* coexisten evidentemente en toda sociedad humana.

En cualquier caso, para nuestra reflexión, lo importante es mostrar la discordancia, por no decir la antinomia de la civilización mapuche y de la civilización occidental: esta contradicción no se debe a que una dispondría de la Palabra política y la otra de la Palabra religiosa, que se ignorarían mutuamente por antagonistas, sino porque las dos modalidades de la función simbólica están en la civilización mapuche ritualmente renovadas permanentemente en la matriz de los orígenes, el principio de reciprocidad, mientras que las *dos Palabras* religiosa y política, de los occidentales, rompieron deliberadamente con el principio de reciprocidad para adoptar el principio de no reciprocidad, es decir, la dinámica del Poder. Esta elección condenó a sus partidarios a darse un origen distinto de la asamblea constituyente y que pueda servirles de común referencia: ésta es el disfrute mediatizado por el fetichismo del valor en el valor de cambio (el oro en esa época) y que les asegure hoy el libre comercio, por una parte, y por otra, un monoteísmo proclamado "misión" universal. La competencia sin límites por la dominación del mundo conduce actualmente a las armas nucleares y al

---

[13] *Ibíd.*, p. 13-14 (cita de Diego de Rosales, *op. cit.*).

arma monetaria, las únicas formas de superioridad de que puede valerse la civilización occidental para mantener su dominio sobre el mundo, pero que pone en juego ahora la vida en la tierra, y ello a corto plazo.

Parece, pues, que los diferentes grupos mapuche de origen común permanecían en comunicación por sus relaciones de reciprocidad de parentesco y de reciprocidad económica. Formaban congregaciones que se unían a su vez con sus vecinas. Los miembros de estas congregaciones realizaban fiestas periódicas cuyos ritos testimonian la estructura de reciprocidad específica de los Mapuche –los más importantes son el *ngillatun* y el *palin*, cuya competencia política vamos a tratar de resumir.

El *Ngillatun*

Leamos la descripción de Milan Stuchlik:

«El *ngillatún*, la ceremonia religiosa mapuche más grande, es un rito de fertilidad o de intensificación, que se lleva a cabo cada pocos años por cada una de una serie de reducciones pertenecientes a una dada congregación de *ngillatún*. Una congregación del *ngillatún* se compone de varias reducciones contiguas, los miembros de las cuales comparten nexos de parentesco y de geografía. Cuando una cierta congregación lleva a cabo un *ngillatún*, invita a las congregaciones vecinas a participar, pero no como grupos organizados, sino que se les invita a los miembros de cada congregación a asistir como huéspedes individuales de los miembros individuales de la congregación patrocinadora. Los miembros de estas congregaciones reciprocarán a su vez cuando les toque realizar la ceremonia, pero nuevamente las invitaciones las extenderán los miembros individuales de la congregación a los individuos que patrocinaron las ceremonias anteriores»[14].

Esta precisión indica que el dinamismo que anima la organización política comunitaria es la reciprocidad y no la colectivización. La comunión de origen propia del *lobche* donde parece que todo es de todos y donde cada uno participa en una producción consumida colectivamente no puede justificar una interpretación de una apropiación colectivista tal como la imagina Marx al principio de la apropiación de la naturaleza por el hombre: en los Mapuche, la forma colectiva del trabajo o del consumo es una unión de relaciones que son en realidad relaciones de reciprocidad y que siguen estando fundadas no por una identidad común sino, por el contrario, por una relación de cada uno con el otro que hace justicia a su diferencia. El espacio amplificado por el compartir dentro del *ngillatun* revela entonces esta dinámica de la reciprocidad como el principio común de toda organización singular o colectiva del trabajo para los demás, y el carácter fundamental de la reciprocidad de ser productora antes de que de ser consumidora. *El trabajo por los demás* es el que hace la ofrenda recíproca y la matriz de la *amistad*, que puede multiplicarse por el número de socios en una ceremonia común gracias a la Palabra de unión donde la amistad se convierte en un sentimiento de confianza que ya no

---

[14] Milan STUCHLIK, *en* Tom D. DILLEHAY (Dir.), *Estudios antropológicos sobre los Mapuches de Chile sur-central*, Temuco, Pontificia Universidad Católica de Chile, 1976, p. 126.

pertenece a nadie sino que se confunde con un sentimiento indiviso representado por un tótem. Y si insistimos en estas observaciones de Stuchlik es porque la comunión de los orígenes no debe ser aplastada en un colectivismo identitario —un error que a menudo se ha hecho bajo el nombre de comunismo primitivo y sobre todo por el marxismo histórico para justificar el colectivismo que fue el callejón sin salida de la revolución bolchevique.

> «El *ngillatún*, entonces, se presenta no tanto como un rito de solidaridad congregacional, sino más bien como un rito cuya función es reconfirmar las relaciones diádicas de amistad personal, las que pueden o no estar basadas en nexos de parentesco con los miembros de otras congregaciones»[15].

Sin embargo, esta autonomía de la elección de las alianzas no puede poner en tela de juicio la extensión de la reciprocidad a la congregación, porque una familia no puede proponer un *ngillatun* sin que todas las familias de la congregación reaccionen inmediatamente y respondan a esta iniciativa reproduciendo esta invitación, cada una a sus aliados. Se puede decir que el poder de la reciprocidad vertical supera el poder de las relaciones de reciprocidad horizontal de las familias de comunidades diferentes, pero también que estas redes de intereses familiares dificultan los enfrentamientos de las comunidades como totalidades rivales.

> «Es probable que el espíritu festivo intra-congregacional se desarrolle más bien durante los

---

[15] *Ibíd.*, p. 127.

preparativos de la ceremonia que durante la celebración misma. Se llevan a cabo una serie de comunicaciones ritualizadas entre las familias participantes después de haber tomado la decisión de celebrar un *ngillatún* »[16].

Por otra parte, con motivo del *ngillatun*, cada *lobche* intenta aliarse con nuevos socios, es decir, trata de multiplicar las díadas. Estas relaciones bilaterales se inician como elementos de una cadena o de una red de reciprocidad productiva que crea un comienzo de reciprocidad generalizada y no para fundirse en una estructura colectivista.

La díada es un hecho de reciprocidad viva. Se sabe que la reproducción de la donación por los donatarios equivale a una sobrepuja sobre el don del donante. Esta escalada es todo el don del contra-don. Eso es lo que sugiere Stuchlik cuando dice:

> «Un ambiente de festividad y de mutuo, aunque envidioso, sacrificio se extiende por toda la congregación al publicarse la noticia de cuantos animales y de qué especie piensa sacrificar cada familia para festejar a sus invitados particulares»[17].

---

[16] *Ibíd.*

[17] *Ibíd.*, p. 127.

El juego de *palin*

«El *palín* es una celebración ritualizada del juego mapuche de *chueca*, una especie de hockey campestre. El juego es un encuentro entre dos comunidades con nexos importantes de amistad, muchas veces basados en el parentesco, pero otras veces no. Se acompañan estos juegos con rezos, bailes y un banquete»[18].

El *palin* es un juego que sería comparable al hockey pero ordenado en la fiesta y sobre todo a los grandes festines. El proceso de reciprocidad subyacente de estos juegos y festividades rituales es más o menos el mismo que el *ngillatun*. El organizador invita personalmente a un jugador de una comunidad vecina, y mediante fiestas o invitaciones se asegura de la solidaridad de sus familiares o aliados hasta que ocho de ellos hayan establecido relaciones bilaterales en la comunidad desafiada.

«Cada jugador del equipo patrocinador tiene que invitar personalmente a un jugador del otro equipo para que sea sus contrincante y para participar en un banquete después del juego. Se devuelve el banquete obligadamente al repetirse el juego después de un año, y esto no depende de cuál de los dos equipos gane»[19].

Cada miembro del equipo que invita asume la reciprocidad de la fiesta a la que invita a su *kon* ("amigo"), y éste deberá reproducir la invitación un año más tarde y

---

[18] *Ibíd.*, p. 128-129.
[19] *Ibíd.*, p. 129.

demostrar a su vez la misma generosidad, cualquiera que sea el resultado de la parte de *palin*. El juego no es, pues, una competición en la que el vencedor podría esperar una ventaja, sino la representación de una *estructura de reciprocidad de cara a cara*, de *alianza*.

Si para la formación de los pares de jugadores, el juego solo puede desarrollarse si el organizador ha motivado a ocho de sus compañeros hasta constituir las nueve díadas necesarias, no es posible invitar a varias comunidades al torneo, y cada socio está obligado a mantener una única relación de reciprocidad con su socio (*kon*), por lo que el proceso de reciprocidad se detiene aquí por una dualidad y una igualdad (de jugadores).

¿Cómo se explican esta dualidad e igualdad? Parece que el juego trasciende el estado de guerra cuando es amenazante pero a nivel de subconjuntos cuando es difícil a nivel de conjuntos. Así lo corroboraría la observación del *longko* Pascual Coña, citado por Stuchlik:

> «Muchas veces, en el pasado recién, el juego servía para resolver diferencias importantes entre dos comunidades para así evitar la posibilidad de conflicto armado»[20].

Es el estado de guerra entre las totalidades de la comunidad que puede superarse aquí mediante relaciones recíprocas entre los subconjuntos de las comunidades en cuestión, es decir, las propias familias. Aquí tenemos una demostración de que la reciprocidad productiva no está destinada a la acumulación de riqueza material: lo que

---

[20] *Ibíd.* Cf. COÑA Pascual, *Memorias de un cacique mapuche*, ICIRA, 1973.

importa es la igualdad del cara a cara, y esto de modo que la amistad sea liberada de toda medida por un imaginario particular, en otras palabras, de modo que no pueda depender de las ventajas de unos sobre otros según la naturaleza y engendrar rivalidad y guerra. En este sentido, los intérpretes que reducen la reciprocidad a un intercambio, según las modalidades de su propio sistema económico, se encuentran ante un nuevo callejón sin salida que les lleva a concluir que la reciprocidad es improductiva, porque en el *palin* estrictamente igual. En realidad, es productora pero de valor puro medido por un significante material: la igualdad de los socios produce un sentimiento que no tiene límite y que se impone a la enemistad que resultaría de la desigualdad producida por la competencia o la violencia.

La conciencia afectiva producida por el *palin* es de tal precisión en cuanto a su finalidad ética que no es posible suplir con un regalo la dificultad de uno de sus miembros para asegurar el banquete de recepción de su socio.

> «Tal celebración, ocasiona muchas visitas entre los participantes antes de que se ocurre el juego mismo. No es permitido a ningún ayudar a otro participante a sufragar sus gastos del banquete personal. Un préstamo podría ayudar, como en cualquier otra ocasión, pero no se permite que se haga un regalo para facilitar la participación de un miembro relativamente pobre. Se dice que tal acción reduciría la estrechez entre los dos *kom*»[21].

---

[21] *Ibíd.*, p. 130.

Triadización vertical y horizontal

Si la reciprocidad es en primer lugar productora y crea abundancia, puede producir un desequilibrio que conduciría a la competencia entre los productores por ser "el más grande". La interpretación occidental sólo puede entenderla en sus categorías de acumulación de capital según el interés privado de los socios del intercambio, y debe entonces imaginar que es en su interés respectivo que los productores-consumidores propietarios de sus medios de producción multiplican las relaciones diádicas ya que cada una de ellas es productora de excedentes. Y puede también considerar que crean una entidad superior que realiza las condiciones de paz más propicias para la producción de la riqueza. Pero según Stuchlik:

> «El *ngillatún* y el *palín* son celebraciones entre varias comunidades. Son significativas por su dependencia en los contactos diádicos horizontales en los cuales se habla el lenguaje de una amistad personal, más que en las relaciones estructuradas jerárquicamente, a las que los conceptos de moralidad y de legitimidad son los que unen e cimentan»[22].

Es a la luz de esta perspectiva que hay que comprender lo que Siegfried Nadel[23] llama "triadización" e "integración".

---

[22] *Ibíd.*, p. 132

[23] Siegfried F. NADEL, *The Theory of Social Structure* (1957), citado por STUCHLIK, *ibíd.*

«Nadel habla de triadización de las relaciones diádicas (1957: 86). Con este concepto, Nadel indica que tales relaciones son de mucha importancia para terceras personas. Estas hacen juicios respecto a estas relaciones según si corresponden o no a sus propios valores, o si también ven sus propios intereses mejorados o perjudicados por estas relaciones. Tal triadización ayuda a integrar a los participantes en estos contratos a una entidad más grande, y cada institución aún la más compleja, se puede reducir a una serie de estos contratos diádicos y triadizados. Al enfatizar las relaciones diádicas, que son lo más fundamental de sus instituciones sociales, los mapuches nunca pierden de vista los nexos y las divisiones que existen entre ellos, y las implicaciones que ambos tienen para todos»[24].

Si los Mapuche nunca pierden de vista las relaciones que existen entre ellos, ¿las implicaciones que cada una de ellas pueden tener sobre todas las demás y la multiplicación de las relaciones diádicas podrían justificarse por un beneficio material? ¿O son, como propone Fredrik Barth[25], relaciones "de incorporación" a una totalidad que sería así un "tercero colectivo" que impondría una reciprocidad de tipo vertical a las relaciones de reciprocidad horizontal? Milan Stuchlik responde que:

«Pero así como lo implica el concepto mismo de reciprocidad, hay límites a la inequidad de ganancias que los individuos están dispuestos a tolerar como

---

[24] STUCHLIK, *op. cit.*, p. 132.
[25] Fredrik BARTH, *Models of Social Organization* (1966), citado por STUCHLIK, *ibíd.*

precio de tal incorporación, ya sea esta incorporación dentro de la familia, de la comunidad o una nación»[26].

Constata que estos límites se "dramatizan" en muchas celebraciones o trabajos comunitarios de la sociedad mapuche. Los Mapuche, en efecto, no aceptan que la identidad individual sea abrumada por la del grupo e incluso rechazan las redistribuciones de las organizaciones unitarias y colectivas para preservar su autonomía familiar.

Estos autores consideran esta resistencia de los Mapuche a la organización colectiva como el resultado de una elección porque la organización unitaria y jerárquica se traduciría en limitaciones, mientras que las relaciones simétricas igualitarias se traducirían en la confianza y la amistad de hombres libres.

En la reciprocidad intercomunitaria de la sociedad mapuche, al menos tal que se "representa" en el *ngillatun*, no parece que sea la unidad comunitaria la que impone sus criterios de existencia más que la propensión de la sociedad a engendrarse por el don y la reproducción del don —por la reciprocidad positiva igualitaria, una "triadización" más "horizontal" que "vertical".

El *palin* sugiere que la tendencia de las totalidades a imponer una triadización vertical está claramente controlada, desde el momento en que esta tendencia conduciría a la guerra, por la otra tendencia de la triadización horizontal, la de las familias individuales que impone la paz. Sin embargo, cuando la sociedad entera se ve amenazada, estas relaciones de paz interétnicas sirven a su vez de enlace para una integración de orden superior y

---

[26] STUCHLIK, *op. cit.*, p. 138.

de tipo vertical a fin de permitir la unidad de mando para la guerra. Pero éste es efímero. Desaparece con el fin de las hostilidades.

Así pues, la sociedad mapuche articula la reciprocidad horizontal sobre la reciprocidad vertical, y luego ésta sobre ella en una estructura específica que confiere una gran flexibilidad a su tejido social étnico.

2. LA ECONOMÍA MAPUCHE

La familia

Hoy en día, la base de la subsistencia económica de los Mapuche es la agricultura extensiva practicada en forma de cultivo rotatorio de dos a tres años, con un mínimo de cinco años de barbecho. Milan Stuchlik escribe:

> «Dado que vamos a ocuparnos de los problemas económicos, tenemos que describir, aunque sea someramente, el carácter de subsistencia. La base de la subsistencia en esta zona es la agricultura extensiva, practicada en forma de cultivo alternante de 2-3 años, con un mínimo de cinco años en barbecho, frecuentemente mucho más»[27].

Los Mapuche producen principalmente trigo, alternado con avena destinada al forraje. La segunda ocupación es la ganadería (el buey para el tiro, la vaca para la leche y el ternero como reserva financiera; la oveja para la lana, el cordero para la carne y la venta, finalmente, el caballo como medio de transporte pero también como expresión del prestigio social). El jardín doméstico a la sombra de algunos frutales proporciona sobre todo patatas, frijoles, verduras. El corral completa este cuadro rústico de una vida campesina autárquica. Los estatutos de

---

[27] Milan STUCHLIK, *Sistema de terratenencia de los mapuches contemporáneos*, Conferencia presentada en el XXXIX Congreso de Americanistas, Lima, 1970, p. 2.

producción se distribuyen de la siguiente manera: el padre a la agricultura, la madre a la jardinería y a la artesanía, los hijos al cuidado de los rebaños, los hijos al trabajo asalariado[28].

La comunidad familiar aprecia su riqueza en la posesión de caballos, y luego desde el número de bueyes y ovejas, hasta el equipamiento de la casa. Sobre esta apariencia, se podría pensar que los Mapuche son pequeños agricultores individualistas. Hemos visto que, en realidad, la economía mapuche se basa en una compleja red de relaciones de reciprocidad interfamiliares que tiene muy poco que ver con unidades de producción capitalistas.

Pero es cierto que estas comunidades establecen con la sociedad extranjera relaciones de libre comercio, que a su vez explican las teorías de integración o asimilación del Estado chileno.

Una interpretación occidental de la economía mapuche

Según los análisis chilenos más recientes de la sociedad mapuche, desde la creación de las Reducciones, los Mapuche tuvieron que transformarse en agricultores, obligados a agotar rápidamente las posibilidades ofrecidas por la agricultura en territorios demasiado reducidos. Desde el estado de riqueza, la sociedad mapuche ha entrado en el

---

[28] José BENGOA, *Las economías campesinas mapuches*, serie documentos de trabajo n° 6, Grupo de Investigaciones Agrarias, Academia de Humanismo Cristiano, Santiago de Chile, octubre de 1981 p. 1-40. Véase también Milan STUCHLIK (1970).

estado de pobreza, y las comunidades se convertirán, como prevé el colonizador, en una *reserva de mano de obra* barata; porque este proceso de empobrecimiento de la economía campesina obliga a las familias mapuches a complementar sus recursos con el trabajo asalariado en las haciendas vecinas.

Se establece un equilibrio relativo entre la hacienda y la comunidad. El campesino mapuche es a la vez productor autónomo y asalariado, pero prácticamente no tiene acceso al mercado porque toda su producción es consumida por su familia.

La mecanización de la agricultura es un factor de perturbación de este equilibrio que coincide con la urbanización del país; por tanto, el trabajo asalariado se desplaza de la hacienda a la industria para dar lugar a un sub-proletariado mapuche urbano y sobre todo al fenómeno de migración temporal y definitiva.

La crisis de la agricultura chilena, y especialmente la del trigo a partir de los años 1970, acelera estos fenómenos, ya que los colonos convierten sus propiedades cerealistas en propiedades ganaderas cuyas necesidades de mano de obra son menores.

El agotamiento de los suelos sobreexplotados debido a la presión demográfica refuerza aún más la migración. En 1980, un tercio de la población mapuche intenta encontrar trabajo en la ciudad o en Argentina. Por último, la privatización actual de las tierras de las comunidades reduce el espacio mapuche a un espacio de reproducción de la fuerza de trabajo para actividades productivas extra-regionales, un espacio de auto-subsistencia para familias generadoras de mano de obra temporal. También puede observarse que la economía rural mapuche no puede reducirse a una economía aislada y autárquica que se niegue al conocimiento de las leyes del mercado, ya que una parte de la producción agrícola y ganadera (aproximadamente 1/3) se destina al mercado. José Bengoa señala que el 50% del corral se produce para el mercado monetario y que el ganado, si bien representa un capital de redistribución para las grandes ocasiones, puede considerarse también un capital monetario atesorado.

Este autor deduce de estas observaciones que si la economía mapuche no invierte más en las relaciones de intercambio, es que ante la inseguridad del mercado y la debilidad de los precios, por último, la falta de tierras, los campesinos buscan refugio en la autosubsistencia, ella misma insuficiente, y luego se ven obligados a huir, a emigrar, a expatriarse en el sub-proletariado.

El proceso capitalista engendra aquí la autosubsistencia, el asalariado y la emigración. El autor concluye que:

«Es por ello que la "cuestión mapuche" no se resuelve en la *pobreza indígena*, [...]. Para nosotros, *subsistencia y migraciones* forman un todo coherente con el desarrollo del capitalismo agraria en nuestro país. Es el marco adecuado para comprender el fenómeno indígena. En otros lugares, hemos dicho, que el desarrollo capitalista en sus fases mas avanzadas, "ordena y jerarquiza" a todos los sectores del país, a todos los grupos sociales y los hace funcionales a sus interés: eso es lo que sucede en este caso»[29].

Esta teoría, que llamaré de la "miseria capitalista", tiene ciertamente su coherencia y su parte de verdad, pero

---

[29] BENGOA, *op. cit.*, p. 3 (es el autor quien subraya).

sugiere una perspectiva de integración: la economía "indígena" es considerada como una economía campesina potencial dispuesta a adaptarse al mercado y a la competencia, pero paralizada por la sobreexplotación colonial, en definitiva, una economía pre-capitalista. La economía de redistribución y reciprocidad se reduce a la economía de subsistencia o a un modo de producción doméstica que resultaría de una reacción de repliegue de la población frente a su sobreexplotación. Por último, el migrante, incluso el asalariado, se considera en situación de ruptura con su comunidad y, a partir de ahí, como el origen de un subproletariado.

Una otra lectura

Es cierto que un número importante de Mapuche trabajan fuera de las reducciones como obreros en las propiedades chilenas o en la industria donde adquieren liquidez monetaria para obtener valores de uso extranjeros. Pero, en realidad, y esto es importante, no son los mismos Mapuche los que son productores y asalariados. Es cierto que los Mapuche aprenden por el trabajo asalariado a actualizar y dominar los procesos del intercambio monetario con los colonos y a mejorar las condiciones de sus intercambios con la sociedad chilena, pero de manera muy general, los asalariados son jóvenes solteros, cuyos ingresos se integran en la economía familiar. Por consiguiente, la condición de esos migrantes temporales es complementaria de los demás estatutos de sus familias y depende de sus estructuras de reciprocidad.

La situación del obrero industrial sólo es diferente en la medida en que, debido a la lejanía, debe asumir su propia subsistencia. Sigue dependiendo de su familia a la que aporta valores de prestigio, en particular tejidos extranjeros o una parte monetaria. Puede fundar en la ciudad una familia, centro económico mapuche urbano, cuyas relaciones de reciprocidad son intrafamiliares. No precisaremos aquí las formas de reciprocidad mapuche de esta colonización mapuche urbana, pero hay que subrayar que ésta puede ser considerada como una extensión de la sociedad mapuche y puede tener otra determinación diferente a la que propone la teoría capitalista: el principio de la migración, como el del asalariado, puede ser dictado por la extensión de las estructuras de reciprocidad y la adquisición de nuevos estatutos, ya que, para los Mapuche, ser emigrante es una promoción social que marca el éxito de una familia capaz de establecer relaciones de reciprocidad hasta el territorio extranjero –y también a nivel cultural–, es decir, la adquisición de formas de prestigio social occidentales. Es una de las razones que permite decir que existe toda una élite mapuche actualmente enmascarada bajo exteriores chilenos u occidentales, pero cuyos principios de reciprocidad siguen vigentes.

Si bien no parece haber duda de que la reducción de las tierras y la reducción de los precios agrícolas favorecen la elección de un trabajo asalariado urbano, no es por ello que se deba concluir que la coacción de la miseria sea el único principio de la emigración –la hipótesis de una extensión del sistema de reciprocidad, hipótesis menos coyuntural, permite también considerar que la economía mapuche no está orientada hacia el mercado monetario capitalista, como lo estaría una economía pre-capitalista, sino, por el contrario, que esta orientación no es más que un estatuto adquirido por una economía de reciprocidad para adaptarse a la naturaleza del sistema occidental y facilitar la adquisición de sus valores de uso; un estatuto referido por otra parte a la frontera de la economía de reciprocidad: los intercambios monetarios se reservan esencialmente a los no Mapuche. Así, el empleo asalariado y la migración aparecen como extensiones del sistema mapuche.

Los Mapuche entrevistados reconocen que, en la actualidad, la presión es tal que algunos de los suyos se expatrian para sobrevivir, pero añaden que esa no es su principal motivación. Señalan que si las condiciones se volvieran más saludables, no cambiarían la tendencia que aumentaría, aunque entonces no necesariamente sería por las mismas razones o las mismas personas las que se verían afectadas.

3. RESEÑA HISTÓRICA DE LA RECIPROCIDAD MAPUCHE

La frontera del sistema de reciprocidad inca/mapuche

Una evocación de la historia es ahora necesaria para que podamos ver cómo la reciprocidad mapuche se adaptó a la colonización. En el siglo XV, bajo la autoridad de Tupac Yupanqui, el Imperio Inca se extendió sobre el norte de Chile y empujó a los Mapuche de regreso al río Maule ubicado en el centro geográfico del país. Las comunidades del norte de Chile están incorporadas al sistema inca. Los incas sometieron los estatutos a tributos o propósitos que estaban fuera del control de los nativos. Cuando los españoles llegaron a Chile, procedentes de Perú, las poblaciones del norte sólo ofrecieron poca resistencia. Tal vez incluso estaban dispuestos a dar la bienvenida a los extranjeros que los liberarían de la dominación inca.

Por lo contrario, los Mapuche lucharon con determinación:

«Viene luego un período de guerra sangrienta y sin cuartel que duró nada menos que siglo y medio, desde la llegada de Valdivia al territorio hasta las paces de Quilín, cuando la corona buscó un cierto modus vivendi con los mapuches. Se estableció el río Bío-Bío como la frontera indígena y se reconoció la independencia de los territorios que ocupaban»[30].

La colonización y las Reducciones

Desde el siglo XVII hasta el siglo XIX, los Mapuche adoptaron con éxito las tecnologías españolas y, naturalmente, se convirtieron en agricultores, que comercializaban principalmente ganado con los españoles. La relativa abundancia de sus tierras todavía les permitía desplazarse según las antiguas costumbres y utilizar sistemas de explotación de larga barbecho. Fue una época de riqueza, atestiguada por la orfebrería de la época; pero la "pacificación" debía pronto sumir al pueblo mapuche en la miseria.

A principios del siglo XIX, Chile negoció la inmigración de colonos alemanes para apoderarse de las tierras mapuche. Desembarcaron en Valdivia, plaza fuerte en territorio mapuche, conservada por la guarnición chilena a pesar de la reconquista mapuche. Los alemanes crean Puerto Montt, a 1.035 km al sur de la capital, y se apoderan de las mejores tierras de Araucanía. Pero solo en 1884, después de la Guerra del Pacífico (1879-1884), los ejércitos chilenos, victoriosos de Bolivia y Perú, y vueltos contra los Mapuche, permitieron la aplicación de la legislación

---

[30] José BENGOA y Eduardo VALENZUELA, *Economía mapuche. Pobreza y subsistencia en la sociedad mapuche contemporánea*, editado por PAS, Santiago, Chile, 1980, p. 15.

preparada en 1866 –la Ley Indígena[31]– en el origen de las Reducciones[32].

El territorio se dividió en dos partes: 9 millones de hectáreas fueron gravadas y redistribuidas, ya sea a los militares desmovilizados, a razón de 40 hectáreas por hombre, o adjudicadas en encomiendas a colonos, a razón de 500 hectáreas; teniendo estos últimos a cargo la "protección-civilización" de las comunidades asentadas en estas tierras; mientras que sólo 475.422 hectáreas se dejaban a los Mapuche censados, es decir 77.841 familias, y las demás se ignoraban.

El objetivo de estas asignaciones era la sedentarización de las comunidades indias, ya que al no reconocer un domicilio fijo ni haber adquirido hábitos de privatización de la propiedad, no podían liberar tierras en beneficio de los

---

[31] La ley del 4 de diciembre de 1866 convirtió al Estado en el único comprador de tierras indígenas, fijó las líneas maestras de la política de Reducciones Indígenas, nombró a un Protector de indígenas y decidió la subasta de tierras adquiridas por el Estado en lotes de quinientas hectáreas. Cf. *Legislación indigenista de Chile*, (recopilación e introducción de Álvaro JARA), Ediciones Especiales del Instituto Indigenista Interamericano, México D.F., 1956.

[32] En 1884, tras la asfixia del último gran levantamiento mapuche, la colonización se materializó en la aplicación de la Ley Indígena aprobada en 1866: todo el territorio mapuche fue declarado "propiedad fiscal" de la cual porciones fueron asignadas a grupos individualizados como "reservas": las otras tierras fueron cedidas a la colonización chilena. Las reservas fueron otorgadas por un Título de Merced establecido en nombre del líder de un grupo de indígenas, en el que aparecieron, además de los límites topográficos, los nombres de todos los miembros del grupo. Cf. Milan STUCHLIK, *Sistema de terratenencia de los mapuches contemporáneos* (1970), *op. cit.*

colonos ni liberar mano de obra para el trabajo agrícola de estos últimos.

La concesión de Títulos de Merced comunitarios no tiene por objeto respetar una forma de existencia específicamente india, sino más bien iniciar su disolución.

> «En definitiva, entre los años 1884 y 1929 se constituyó la "Propiedad Austral" de la siguiente manera. Un poco más de medio millón de hectáreas fueron entregadas a los mapuches en la forma de reducciones o reservaciones indígenas, de carácter inalienable. El resto —más de cinco millones de hectáreas— fue rematado por el Estado entre particulares de dos tipos: colonos extranjeros, principalmente europeos y los llamados "colonos nacionales"; los primeros recibían superficies de tierra en un promedio de 400 hectáreas y condiciones de pago ventajosas, más un apoyo del Estado en aperos, animales de labranza y crías , los segundos obtenían trozos de 40 hectáreas de promedio y muy poco apoyo estatal. Entre los colonos nacionales se contó parte del contingente militar que había realizado la campaña de la "Pacificación de Araucanía"»[33].

Entre 1884 y 1929, el Estado chileno distribuyó 3.078 Títulos de Merced y la Ley 4169 del 29 de agosto de 1917 creó un tribunal para dividir los territorios comunitarios e instaurar la privatización. La ley prevé la asignación de las tierras que tendrían una vocación agrícola a campesinos chilenos, y 100.000 hectáreas serán así robadas de nuevo a los Mapuche.

---

[33] BENGOA y VALENZUELA, *op. cit.*, p. 39.

Al entrar en el sistema de Reducciones, los Mapuche deben sobrevivir en tierras cada vez más reducidas donde los pastos se agotan rápidamente, y donde la rotación de los cultivos acelerada provoca la degradación de los suelos; por lo tanto, se ven obligados a transformarse en pequeños agricultores orientados a las necesidades de su autosuficiencia:

> «El plan del gobierno chileno contemplaba la paulatina división de la reducción en terrenos de propiedad individual de las familias que al principio componían el grupo»[34].

Las comunidades se convierten incluso en reservas de mano de obra para las haciendas circundantes y los territorios de colonización.

El acceso a la Tierra se ha convertido en el problema económico esencial y es la comunidad mapuche la que debe controlar prioritariamente a través de su sistema de reciprocidad. Para ello, los Mapuche utilizarán dos sistemas coloniales que reinterpretarán: la herencia y la explotación del sistema de mediería.

Reciprocidad y herencia

Hemos visto que los títulos comunales se concedían en nombre del líder de la comunidad, a todos los jefes de familia inscritos considerados primeros ocupantes, y éstos

---

[34] STUCHLIK, *op. cit.*, p. 4.

tienen derecho a transmitir sus participaciones a sus descendientes. Para resumir el punto de vista de Stuchlik, podemos decir que los Mapuche interpretan el derecho así: el hijo trabaja con su padre hasta que contrae matrimonio, luego puede quedarse en la casa paterna con los suyos, o obtener un terreno para construir su casa y cultivar su jardín; prosigue su colaboración con su padre en una relación llamada esta vez de mediería (obtiene la mitad de la cosecha en las tierras que cultiva).

Esta situación puede modificarse según el número de niños que deben acceder a la autonomía, el número de tierras recibidas de sus mujeres o las posibilidades de alianzas económicas de cada uno; el padre distribuye sus tierras sin que ninguna norma de reparto prevalezca sobre el principio de constituir unidades de producción viables.

La sucesión es patrilineal y matrilineal, pero los derechos de las mujeres sólo se actualizan para completar el derecho de los hombres y lograr una distribución equilibrada de los diversos recursos. El hombre recibe, pues, teóricamente una tierra de su padre, una tierra de su madre y una tierra de su mujer. En realidad, nunca dispone de las tres clases de tierra, ya que dos de ellas (las de las mujeres) sólo intervienen complementariamente en la tercera para reconstituir unidades de producción coherentes. Pero prácticamente todas las familias, además de sus tierras en su propia Reducción, también tienen tierras en otras Reducciones[35].

---

[35] Este fenómeno es estudiado por Milan STUCHLIK: *Life on a Half Share: Mechanisms of Social Recruitment Among the Mapuche of Southern Chile* (1976) y *Sistema de terratenencia de los mapuches contemporáneos* (1970), *op. cit.*, p. 5-10.

Se puede considerar que los Mapuche interpretan el derecho a la herencia impuesto por la colonización como un sistema de reciprocidad.

El sistema de *mediería*

El sistema de mediería permite reconstituir unidades de producción compatibles con los estatutos particulares de cada una de las familias mapuche, a partir de la parcelación resultante de la redistribución de las tierras.

Los Mapuche tomaron esta institución de los chilenos, pero la transformaron completamente. En un principio, se trata de un contrato entre el propietario de un medio de producción y los obreros que disponen de la fuerza de trabajo: la producción se divide en dos partes. En el sistema colonial, el propietario asume una posición dominante sobre la del obrero. En el sistema mapuche, el "poseedor" y el "usuario", para emplear la terminología chilena, son asociados cuya situación es "recíproca". Es decir, el mismo individuo es a la vez poseedor y usuario: presta los medios de producción a un asociado que los utiliza, pero él mismo utiliza los medios de producción de otro o del mismo asociado: la relación de reciprocidad es evidente. El sistema permite adaptar los estatutos particulares a los distintos medios de producción y reequilibrar las unidades de producción-consumo comunitarias.

Milan Stuchlik da el ejemplo de una familia de tres mujeres que dan en mediería tres partes de terreno a tres parejas distintas, dos bueyes a un cuarto, 18 ovejas a otros dos y una tierra heredada de su madre a un séptimo, mientras que ellas mismas cultivan una tierra de trigo que reciben en mediería de una familia de otra comunidad que la suya[36]. El sistema ha sido considerado como una forma de control ecológico, un mecanismo de regulación del ciclo económico, un mecanismo de seguro mutualista para cada unidad doméstica (*lobche*). Pero es más que eso: es una relación que se ramifica gracias a la multiplicación de las relaciones de mediería para cada unidad de producción, que genera una red de relaciones económicas y sociales de reciprocidad. El sistema incluso permite a una familia explotar en su Reducción las tierras de una familia situada en otra Reducción, y viceversa, como si se tratara de una materialización geográfica de relaciones diádicas. Por lo tanto, el sistema de mediería mapuche puede considerarse como una adaptación de la reciprocidad tradicional a las condiciones de privatización impuestas por la colonización.

Este sistema de reciprocidad complementaria frena la privatización prevista por el Estado e impide la reducción de la economía mapuche a la de un modo de producción capitalista. Permite trascender tanto el marco colectivo de la Reducción como el marco de la unidad de producción de la familia nuclear, a través de una forma de relaciones interfamiliares que mantiene vivas las características del tejido social mapuche.

---

[36] Milan STUCHLIK, *Organización de la producción entre los mapuches contemporáneos, formas de colaboración y relaciones económicas*, Corporación de la Reforma Agraria, Temuco, marzo de 1971.

Las formas de solidaridad mapuche

Además de la interpretación del derecho de herencia y del sistema de la mediería en términos de reciprocidad, los Mapuche de hoy utilizan formas tradicionales de reciprocidad productiva. El *mingaco* (o *minga*) era antiguamente la ayuda que el grupo debía a cada familia por los trabajos que excedían su capacidad de fuerza de trabajo (cosechas, construcción de casas, etc.) Hoy en día, esta ayuda es solicitada por el jefe de familia que invita a sus padres, amigos o vecinos en una fiesta, una redistribución que mueve el trabajo colectivo. Es también esta relación la que se traduce en la tradición del *keluwn*, pero son los trabajadores quienes proponen su participación: la redistribución está inducida por la reciprocidad productiva.

Por último, la reciprocidad puede reducirse a relaciones bilaterales ("vuelta-mano"). La diferencia con el intercambio es que es la ventaja del solicitante que se tiene en cuenta en la evaluación de los servicios complementarios entre vecinos inmediatos.

Los Mapuche utilizan finalmente el trueque, el intercambio y las relaciones monetarias, pero en lo esencial reservados a los no Mapuche.

4. La cuestión de la tierra

Bajo la Democracia cristiana y la Unidad popular

Las protestas de los Mapuche a la división de las tierras tendrán eco en 1961, cuando la ley prohibirá la enajenación del "territorio indígena" si no es solicitada por al menos el 30 % de los campesinos.

Bajo el gobierno del presidente Allende, los representantes de las comunidades, agrupadas en asociaciones regionales mapuche, se reúnen en congreso en Temuco para discutir una nueva ley que será promulgada el 26 de septiembre de 1972 (No. 17.729) y eleva al 50 % el límite del porcentaje de peticiones a partir del cual las tierras comunales pueden ser privatizadas. La ley, sin embargo, incita a los campesinos a la privatización, ya que precisa que si la división de las tierras conduce a lotes insuficientes para que cada propietario disponga de una superficie igual a la unidad agrícola familiar, tal como se define en el artículo 1 de la Ley 16610 de la reforma agraria, el Instituto de Desarrollo Indígena asignará a los interesados las tierras complementarias más próximas. Prevé la restitución de las tierras a los Mapuche procedentes del fondo de explotación de los grandes propietarios. El Instituto de Desarrollo Indígena propondrá constituir empresas de cooperativas sociales, empresas colectivas agrícolas sobre la base de las Reducciones[37].

El gobierno del Frente Popular no tuvo tiempo de aplicar esta dinámica. Ciertamente, en el momento de la colonización, la guerrilla había reforzado el papel de los jefes de comunidad, hasta el punto de que éstos desempeñaron un papel en la redistribución de las tierras de las reducciones, pero, desde el momento en que ellas fueron todas ocupadas y el acceso a la tierra no tuvo otro recurso que la herencia, fueron las reglas tradicionales de reciprocidad interfamiliar las que retomaron su papel dominante, por lo que ni las reducciones ni las unidades nucleares domésticas parecen ser bases sólidas para fundar un modo de producción en tierra mapuche[38]. Stuchlik sugirió en 1971:

«Como consecuencia del proceso de cambio que acabamos de describir, los mapuches de hoy muestran, desde el punto de vista de la economía, muchas características de pequeños agricultores individualistas; las proposiciones, que a veces se hacen, acerca de la posibilidad de la mantención del sistema comunitario de las reducciones o acerca de la posibilidad de aprovechar este sistema comunitario como un punto real de partida de desarrollo económico, sin reintegración previa, no se basan en el conocimiento concreto de la realidad contemporánea. Las formas tradicionales o adaptadas de colaboración

---

[37] José BENGOA, *La división de las tierras mapuches*, Serie documentos de trabajo n° 2, Grupo de Investigaciones Agrarias, Academia de Humanismo Cristiano, Santiago de Chile, julio de 1980.

[38] Gonzalo BULNES A., *Los Mapuches y la Tierra*, Pequeñas ediciones INC, Rotterdam, 1980.

que pudieran aprovecharse para un cambio dirigido, pueden verse no dentro de la familia ni dentro de la reducción, sino en las relaciones de colaboración económica entre dos o más grupos familiares»[39].

Pero quizás el reconocimiento del *principio*, de las *formas* y *niveles* de la reciprocidad podría facilitar el cambio.

Bajo la dictadura militar

En 1978, el gobierno del General Pinochet decidió, tras haber derogado la ley de Allende y sustituido el Instituto por Jueces, continuar con la integración mapuche al proletariado y al campesinado chileno. La nueva legislación, en efecto, (No. 2.568), declara ya en el Artículo 1 del Capítulo 1, que: "A partir de la inscripción en el Registro de Propiedad, las parcelas resultantes de la división de las reservas, dejarán de ser consideradas como tierras indígenas y que los adjudicatarios dejarán de ser considerados indígenas"[40].

---

[39] STUCHLIK, *Organización de la producción entre los mapuches contemporáneos* (1971), *op. cit.*, p 4.

[40] Decreto Ley No. 2.568 (1979), Ministerio de Agricultura. Modifica Ley N° 17.729 sobre protección de indígenas, y radica funciones del Instituto de Desarrollo Indígena en el Instituto de Desarrollo Agropecuario, Santiago, 22 marzo de 1979.

El Capítulo II, en su apartado 2 Artículo 10, precisa que: "el proceso de división de las reservas comenzará (...) a petición escrita de cualquier ocupante de la misma".

Y el Artículo 23 añade: "El Juez ordenará la decisión y la distribución de las parcelas con la ayuda de la fuerza pública".

Criticando a los progresistas de izquierda, el entonces ministro de Agricultura escribió:

> «Parece una broma que se pueda pretender defender medidas colectivistas en nombre de un pueblo cuyo soberbio individualismo escribió una de las páginas más heroicas de la humanidad [...] es un hecho que los mapuches que viven y trabajan en reservas se han dividido entre sí, lo que demuestra que aspiran a la propiedad privada».

El autor no se equivoca al negar que los Mapuche no están predispuestos a estructuras de producción colectivistas.

A quienes afirman que la propiedad colectiva sobre la base de las reducciones sería más productiva que en términos de propiedad privada, hay que señalar que las estructuras de reciprocidad mapuche no están dominadas por una triadización vertical, pero por el contrario, por una triadización horizontal, es decir, que el marco de la reducción o cualquier otro marco colectivo sigue siendo una base que, como lo subrayaba Stuchlik, es inadecuada para el desarrollo de la realidad mapuche contemporánea.

Pero es un error aún más grave considerar la autonomía de las familias mapuche como una aspiración a la privatización de la propiedad. Una privatización de los medios de producción los situaría en posición de competencia unos con otros frente a los demás, mientras que el principio de reciprocidad que subordina la producción individual al consumo comunitario obliga a emular la producción de todos los miembros de la comunidad y prohíbe el acaparamiento de los medios de producción por unos en detrimento de los otros.

La privatización aparece como antieconómica de la reciprocidad productiva, de la propia producción, así como la colectivización aparece como una desposesión del derecho a la reciprocidad de cada uno.

5. LA FUNDACIÓN DE LOS "CENTROS CULTURALES MAPUCHES"

Las condiciones

Cuando se conoce el proyecto del gobierno, un grupo "informal y pluralista" de responsables Mapuche, etnólogos y técnicos de ONG, decide sensibilizar a las autoridades morales de Chile sobre el problema mapuche.

Logró convencer a las autoridades religiosas para que ofrecieran protección a la resistencia mapuche.

El Consejo Mundial de las Iglesias[41] propondrá a la Iglesia católica una concertación común con vistas a una defensa unitaria de las comunidades indias. Pero el plan será rechazado por el Consejo diocesano de Temuco, que no explicará sus motivos... Sin embargo, el Consejo mundial de las Iglesias obligará a la Iglesia católica a la unidad, proponiendo someter toda acción concreta de su iniciativa en favor de las comunidades a la autoridad del obispado de Temuco. La Iglesia católica acepta el principio, pero inmediatamente pide a los técnicos y etnólogos de su obediencia que renuncien a su autonomía. Acepta estudiar sus sugerencias con la condición de que se conviertan en

---

[41] El Consejo Mundial de Iglesias (CMI) es una organización no gubernamental de interés social y carácter religioso, fundada en 1948 y con sede en Ginebra, Suiza. El objetivo del CMI es la armonía entre los cristianos a través de logros concretos comunes. En 2018, el CMI cuenta con 350 miembros de casi todas las tradiciones cristianas. La Iglesia Católica no es miembro.

los asesores oficiales del Instituto Indígena Católico y que dichas sugerencias sean puestas bajo la garantía de los «Derechos Humanos» para «detener toda infiltración de ideas marxistas»[42]. Estos técnicos aceptan y fundan el CAPIDE (Centro Asesor y Planificador De Investigación y Desarrollo), mientras que una asamblea mapuche es convocada, bajo el amparo de la Iglesia católica, para conocer su proyecto de ley: «Todo lo que pide la Iglesia – declara entonces el obispado– es que en la elaboración de la nueva ley se tenga en cuenta la opinión de los Mapuche».

El 12 de septiembre de 1978, 115 Mapuche de 90 comunidades de la VIII y IX región, analizan el proyecto del gobierno y, en la tarde de esta asamblea, deciden la creación de los "Centros Culturales Mapuches".

Un hecho de conciencia política nacional

El Poder intenta prohibir los "Centros Culturales Mapuches" y arresta a 9 de sus dirigentes, detenidos en Panguipulli, al sur de Chile, luego ante la amenaza de un levantamiento popular imposible de definir y reprimir legalmente, los libera, pero crea inmediatamente los "Consejos Regionales Mapuches" para duplicar los "Centros Culturales" de una organización oficialista.

Entre el 15 y el 18 de diciembre de 1980, las segundas jornadas nacionales de los "Centros Culturales Mapuches"

---

[42] Véase José BENGOA, *Trayectoria del campesinado chileno, Grupo de Investigaciones Agrarias*, Academia de Humanismo Cristiano, Santiago de Chile, julio de 1982.

establecen un programa de acción. El Congreso (Aukínko n° 1) solo tendrá existencia legal bajo la declaración notarial de la "Asociación Gremial de Pequeños Agricultores y Artesanos" que toma el nombre de *Ad Mapu*.

Los partidos políticos plantean la cuestión mapuche en términos novedosos y la prensa ofrece una resonancia pública al hecho étnico, ya que no puede traducir ninguna ideología de izquierda y se ve obligada a interesarse por las características de Ad Mapu. Para la conciencia política chilena, la cuestión mapuche se convierte en un hecho nacional. Gracias a los inmigrantes, especialmente en Santiago, se convierte también en un hecho popular y una verdadera toma de conciencia de la identidad mapuche por los propios chilenos.

Por último, el análisis de la realidad campesina deja entrever, a través de sus irreductibilidades excluidas o ignoradas por el sectarismo de las ideologías clásicas, los síntomas de una realidad que, al amparo de las estructuras formales impuestas por la colonización, traiciona que el campesinado chileno es también de origen autóctono[43].

---

[43] BENGOA, *Trayectoria del campesinado chileno, op. cit.*

6. Ad Mapu - expresión política de los Mapuche

Aquí no es posible trazar, ni siquiera brevemente, la historia de las misiones religiosas en el territorio mapuche. Su implantación es ciertamente importante. Incluso hay sacerdotes mapuche. Los evangelistas están bien representados y actualmente se asiste a una invasión de misiones de iglesias mesiánicas norteamericanas. Oficialmente, la Iglesia católica patrocina los "Centros Culturales Mapuches", pero la unidad de acción impuesta por los Evangelistas obliga a una cierta objetividad; así, las invitaciones a la reunión informativa del 12 de septiembre de 1978 se dirigen no sólo a los responsables cristianos de las comunidades, sino también a responsables laicos como los profesores mapuche. En estas jornadas participarán hombres como Melillán Painemal, cuyo "desvío" por el frente de clase marxista ha sido muy acusado, ya que muchos de ellos fueron repetidamente propuestos por los partidos marxistas para representarlos en las instituciones chilenas.

En el prólogo del proyecto de los estatutos del movimiento que se llamará "Centro Cultural Mapuche de Chile", la influencia de los responsables cristianos es aún manifiesta: «... inspirados en la fe cristiana y su evangelio: amaos los unos a los otros; y pidiendo a Dios que nos ayude e ilumine...». Pero en 1980, cuando se presentaron los estatutos de Ad Mapu, este prólogo desapareció, y muy pronto Ad Mapu fue percibido por las comunidades mapuche como la fuerza política de la sociedad mapuche.

El principio de cuotas financieras permite a la nueva Dirección transformar la organización de los "Centros culturales mapuches" en partido político. Para los Mapuche, que se reconocen mapuche porque viven en comunidades, el principio de cuotas significa que Ad Mapu se convierte en el brazo político de las comunidades frente al mundo exterior, pero que esta fuerza es la de quienes responden favorablemente a las prescripciones de sus estatutos y no necesariamente a las obligaciones tradicionales, ni a la de las autoridades que les corresponden. Ahora bien, los Mapuche tienen una historia muy larga y rica del diálogo con las instituciones chilenas que difícilmente puede reducirse así a las disposiciones de los estatutos políticos chilenos.

Parece que la referencia más importante a la que se refiere la sociedad mapuche es la Confederación Nacional de Asociaciones Regionales Mapuche. Pero el Gobierno de la Democracia Cristiana sólo había previsto esta organización territorial para promover una estructura de producción agrícola de tipo cooperativo.

En 1971, sus principales representantes se unieron a las filas de la izquierda chilena y los líderes mapuche se adhirieron al frente de la lucha de clases, ya sea con los sindicatos o con los partidos políticos.

El "desvío histórico" del "frente de clase" permitió a los responsables mapuche dominar los análisis marxistas y conocer los resortes de la economía occidental.

No cabe duda de que los Mapuche han hecho así una experiencia decisiva de los partidos, sindicatos, organizaciones económicas y políticas occidentales. Pero sería ilusorio concluir que esta participación mapuche fue una integración en las estructuras chilenas.

Esta participación parece más bien una alianza coyuntural. Los Mapuche no participan como miembros de su comunidad en el debate político chileno. Su comunidad siguió siendo autónoma del Estado y sólo se alió con las instituciones occidentales para beneficiarse de ellas. Se conocen Mapuche de esa época, inscritos indistintamente en cuatro partidos políticos. En 1980, la novedad es que esta alianza ya no es necesaria, porque Ad Mapu se convierte en el partido político de los Mapuche, una organización de defensa del poder de las comunidades más que el poder de las propias comunidades, porque los jefes de las grandes familias no participan en Ad Mapu. En efecto, su poder es territorial y no ideológico, y si volviera a expresarse sería sin duda a través de la constitución de Consejos comunitarios, de su asociación regional y de la confederación de estas asociaciones. Alejandro Lipschutz[44] ya proponía en 1971:

> «Debemos tener en cuenta la imprescriptible necesidad de la creación de un Consejo Popular Mapuche, es decir, una asamblea mapuche representativa con ramificaciones regionales y locales. Para ello, será recomendable convocar a una Asamblea Constituyente del Mapuche para discutir y elaborar el proyecto del Consejo Popular Mapuche. Este proyecto tendrá que ser aprobado por un Plebiscito Mapuche...»

Ad Mapu, la expresión política del poder mapuche frente a la sociedad chilena, se convierte no solo en el portavoz privilegiado de los Mapuche frente al mundo exterior, pero también el centro de la conciencia política

---

[44] Médico y científico chileno de origen Letón, Alejandro LIPSCHÜTZ FRIEDMAN abogó intensamente por la autonomía de los pueblos originarios.

mapuche que domina tanto el lenguaje de una de las dos sociedades presentes como el lenguaje de la otra. Por eso es consciente de la imperiosa necesidad de expresar la voluntad mapuche en un discurso que pueda ser comprendido por sus interlocutores: la necesidad de una expresión teórica específica.

Ad Mapu tenía razón cuando dijo que solo había dos sistemas. Concebía perfectamente uno, el sistema capitalista, pero no el segundo, porque se equivocaba cuando lo interpretaba, según la visión occidental, como un poder colectivista y cuando ignoraba que Karl Marx había propuesto una dialéctica según la cual el trabajo recíproco prevalecería cuando la ciencia permitiera reconocerlo racionalmente como creador de los valores humanos.

7. ELEMENTOS DE LA POLÍTICA MAPUCHE

Identidad cultural y autodeterminación

«Declaración de Principios», Centro Cultural Mapuche, Chile, 1982:

«Teniendo en presente que el pueblo mapuche **existe** [...]. Declara:

Que, existe un vacío de dirección de auténtica representatividad que guíe, oriente, defienda, planifique el desarrollo y prosperidad del mapuche en sus más diversas actividad, conservando todo lo que signifique patrimonio cultural y social del aborigen. Especial y en primer término es y será la **Tenencia de la tierra y su vida en la comunidad** [...]»[45].

El eco-desarrollo

Este punto de vista es seguido pronto por un análisis más económico donde las condiciones del desarrollo mapuche se expresan en términos de eco-desarrollo.

«Una de la constantes en la historia de la humanidad es la estrecha relación del hombre con su

---

[45] "Declaración de Principios", Título preliminar, Centro Cultural Mapuche, Chile, 1982 (son los autores quienes subrayan).

medio ambiente. [...] Para nosotros los Mapuche, la naturaleza tiene un orden que esta en constante movimiento, el hombre es parte de esta naturaleza y la participación que le cabe en ella es mantener su equilibro. [...]

Las transformaciones que se han producido en nuestro pueblo nos impulsan día a día a la búsqueda de nuevas alternativas de solución a nuestras inquietudes y lograr el equilibro necesario para nuestra supervivencia, es por esto que nuestro accionar como organización impulsa la unidad rescatando, reforzando, orientando y programando actividades culturales comunitarias (*mingako, nguillatun, palin*) creando, en la medida que los recursos lo permitan, programas de salud, educación y economía [...]

Cada grupo étnico posee ideas acerca del mundo que lo rodea [...]. Los indígenas tenemos una visión particular del medio en que vivimos, prueba de ello es que hasta hoy día supervivimos diferentes grupos en distintas partes de la tierra con nuestras propias características culturales, a pesar del arrasante proceso de colonización y asimilación programado por las sociedades dominantes. [...]

Nuestros principios ideológicos tienen como fundamento la armonía ecológico [...] y es en base a estos principios que queremos elaborar pautas de acción que ayuden a conservar nuestra continuidad de vida como sociedades indígenas. [...]

Como seres humanos somos seres pensantes que tenemos el derecho de hacer valer nuestros principios los cuales, claro está, son diferentes a los de las sociedades colonizadoras.

Lo que hoy día queremos es ser sujetos de nuestro propio destino evitando la asimilación pero buscando una integración real que haga valer nuestra participación en los cambios como actores o agentes de cambio teniendo como base nuestro patrimonio cultural.

Este patrimonio cultural tiene incidencia en la tierra que es la base de nuestra organización tradicional, es por esto que nuestra lucha está dirigida a la mantención y recuperación del dominio de la tierra utilizando nuestros propios recursos dentro de los que sin duda la organización comunitaria es el principal pilar en la reivindicación de nuestros derechos.

La organización es la herramienta para lograr las transformaciones que todo pueblo reclama y en cuyo programa no debe faltar ninguna de las actividades que el ser humano tiene [...] La experiencia nos ha demostrado que todas aquellas organizaciones e instituciones extranjeras que han llegado a las comunidades indígenas han tratado de solucionar problemas de la realidad social en forma parcelada es decir con programas específicos de salud, agrícola, educativos, de organización político-partidista, etc., imponiendo sistema diferentes de concepción del mundo con métodos y técnicas también diferentes a nuestro acerco cultural. [...]»[46].

---

[46] Ad Mapu, *Documentos sobre ideología, filosofía y política de la indianidad*, julio de 1982.

Claramente, el discurso mapuche trata de encontrar su camino en los sistemas filosóficos que prevalecen entre los círculos de apoyo, pero afirma cada vez con más fuerza el vínculo entre la organización comunitaria y la especificidad de los pueblos autóctonos.

El etno-desarrollo

Por último, la reciprocidad se considera la base de la estructura económica y social y el *principio organizador* de la sociedad misma.

«Los mapuches, constituimos un pueblo, con una cultura, con una historia propia, que nos hace diferenciar del resto de la sociedad chilena; situado bajo una permanente y sistemática política de "dominación" aplicada por los diferentes regímenes imperantes en nuestro país, pero que nuestro pueblo ha sabido resistir heroicamente encontrándose hoy dispuesto a continuar luchando por sus legítimas aspiraciones de pueblo étnico. [...]

Para el mapuche como para la mayoría de los grupos étnicos, la tierra es un bien de uso, un bien social, de allí se fundamenta y se estructura la base productiva en los principios de la cooperación y la reciprocidad, determinando la mutua colaboración y participación de los distintos grupos que conforman y determinan la base social de nuestra existencia como pueblo étnico»[47].

Este texto, dirigido al Presidente General Augusto Pinochet en agosto de 1982, se complementará con una oferta de alianza a los campesinos y trabajadores chilenos que se presenta como una opción de sociedad.

Crisis política y elección social

«Proyecto alternativo del pueblo mapuche[48]: Considerando:

– Que, los derechos del pueblo mapuche son continuamente menospreciados por las autoridades de la sociedad dominante.

– Que, se desconoce nuestros valores culturales y el derecho a la posesión digna de nuestro territorio.

– Que, la Constitución Política del Estado no nos considera como un pueblo distinto a la sociedad global.

– Que, se nos imponen modelos económicos ajeno a nuestro sistema de vida, [...]

---

[47] Ad Mapu, *Carta al Señor Presidente de la República*, General de ejercito, Augusto Pinochet Ugarte, Palacio de la moneda, Santiago, 6 de agosto de 1982.

[48] Resoluciones de la III Jornada nacional de la *Asociación Gremial de Pequeños Agricultores y Artesanos*, Ad Mapu, Temuco, 27 de enero 1983.

Nos pronunciamos:

– Por una nueva sociedad, justa y democrática, en donde nuestro pueblo participe con igualdad de derechos frente a los otros sectores sociales del país. Creemos que una nueva democracia sin la participación del pueblo mapuche no puede ser democracia.

– Propiciamos el desarrollo y progreso de la sociedad participando de la unión férrea de los campesinos y obreros de nuestra patria. Nuestro lugar histórico es estar juntos a ellas participando activamente en el proceso de transformación social, económico y político de la sociedad.

– Por la autonomía y autodeterminación de nuestro pueblo en cuanto a que debemos ser gestores y protagonistas de nuestro propio proceso de desarrollo.

– Finalmente, y junto a lo anterior, exigimos participación en la redacción de una nueva Constitución Política que resguarde y garantice nuestros derechos y patrimonio cultural y acuerdo a nuestra identidad étnica.»

Resoluciones de la III Jornada nacional de Ad Mapu, Temuco, 27 de enero 1983.

Conclusión

La solidaridad entre los diversos sectores sociales del país de acuerdo con la política de reciprocidad propuesta como una alianza de "hierro" entre campesinos y trabajadores puede conducir a una nueva Constitución que proteja el acervo de un pueblo y le dé una base económica autónoma en el futuro.

Los responsables mapuche tienen razón al decir que, por lo tanto, es necesario reconstruir la autoridad del Estado sobre nuevas estructuras económicas que tengan en cuenta su punto de vista, pero esto puede recorrer un largo camino. Los propios chilenos pueden repensar las estructuras económicas para fines distintos a los de la economía capitalista.

Los occidentales ciertamente se han dado cuenta de que la independencia política de los países del Tercer Mundo constituye una frontera dinámica para los nuevos sistemas de valores y, como resultado, a menudo proceden a la liquidación de sus activos coloniales en lugar de imaginar su reconversión en el sitio.

También se puede ver que las teorías monetarias de la economía occidental de hoy se basan más en la especulación y los efectos de la desorganización de los llamados sistemas periféricos, que en la inversión en su crecimiento capitalista.

Las principales potencias capitalistas tienen como recursos los conflictos que paralizan la organización económica del mundo, y, aún más directamente, organizan militarmente el atraco internacional. Arruinan a los estados del Tercer Mundo durante décadas, o los obligan a integrarse en la economía capitalista de una manera miserable o vergonzosa. ¿Por qué no prever el desarrollo de una economía post-capitalista inspirada en los principios de reciprocidad?

La economía política, las tecnologías apropiadas, las estructuras de desarrollo ecológico, el principio de valor y el principio de extender las relaciones recíprocas son criticados por promover un desarrollo limitado y lento. Por el contrario, sin embargo, podría tener consecuencias rápidas: una política de extensión de las relaciones recíprocas no sólo se orienta hacia la autodefensa, sino hacia el control inmediato de considerables territorialidades liberadas de la amenaza que crece cada día sobre toda la humanidad.

II

LA RECIPROCIDAD
EN
LA PALABRA RELIGIOSA MAPUCHE

(Publicación en línea, 2023)

1. Interpretación de la práctica ritual del **ngillatun,** a partir del estudio de Rodolfo M. CASAMIQUELA, **Estudio del nillatún y la religión araucana** (1964), con las categorías de la Teoría de la Reciprocidad.

En las sociedades tradicionales, la *comida de invitación* o *de hospitalidad* testimonia una *reciprocidad positiva* y constituye una fuente de alegría que embarga a todos los que participan en ella. A menudo se acompaña de baile y canto. La *conciencia común* surge de la reciprocidad entre los hombres como *Tercero,* que se invita a la comida como un anfitrión. Hay que añadir que la aparición de la conciencia común entre los socios se manifiesta en la transfiguración de su rostro y se convierte en objeto de la fascinación o del asombro de cada uno, pero se atribuye al *Tercero* la belleza significativa de esta revelación. Esta conciencia resultante de la interacción recíproca de los miembros de la comunidad nadie puede apropiarse de ella aunque se constituya en referencia ética de cada uno, pero todos pueden apelar a ella. Es claramente ella la proveedora de la alegría que acompaña a la *amistad* cuando se la reconoce en el rostro de los demás[49]. A partir de la comida de invitación que engendra la amistad, cada uno puede acceder al poder de manifestar esta amistad mediante la *Palabra.* La primera Palabra es una oración a los demás: renovar las condiciones de esta revelación espiritual y el sentimiento de alegría que la acompaña renovando con la mayor frecuencia posible las

---

[49] En la tradición filosófica antigua, la *philia*, habitualmente traducida por "amistad", abarca un radio de relaciones más amplio, en particular familiares y económicas.

condiciones de la reciprocidad: la fiesta. La bendición se dirige al otro, pero al otro en la medida en que contribuye al nacimiento del Tercero por su participación en la reciprocidad y, en última instancia, es en nombre del Tercero mismo que ella se dirija a él, ya que es este Tercero él que se percibe como un acontecimiento nuevo en la naturaleza, por lo tanto sobrenatural, y como fuente del impulso del uno hacia el otro y causa del gozo espiritual. Por tanto, cada uno se convierte en garante del Tercero gracias a la ritualización de la reciprocidad. A partir de ese momento, cada uno exige de sí mismo los medios necesarios para la invitación de hospitalidad. Contrariamente a lo que se cree, la reciprocidad no es un modo de distribución, redistribución o donación. Es el imperativo categórico de *producir para ofrecer*, el motor de la *economía humana*[50], y por economía humana se entiende la producción del valor definido por la ética creada por la reciprocidad y no sólo el disfrute material de los bienes o riquezas producidos para la ocasión y que son tan bien recibidos como ofrecidos.

Cuando la invitación recíproca es ritualizada, la referencia ética de la cena colectiva es simbolizada por una ofrenda al Tercero mismo, es decir el Espíritu de la comunidad. La *comida* dedicada al Tercero tiene como mesa el *altar*.

Nadie puede dudar de la eficiencia de esta consciencia común, aunque sea inmaterial o invisible, es decir que mediante la entrega recíproca, cada uno recibe su

---

[50] Dominique TEMPLE, "La economía humana", publicado en *Teoría de la Reciprocidad*, 1ª ed. La Paz, 2003, 2ª ed. revisada, Lulu Press Inc., 2024.

afectividad, la gracia de la amistad, y el sentido de la palabra que la testimonia.

A partir del estudio de Rodolfo Casamiquela: *Estudio del nillatún y la religión araucana*[51], interpretaremos el rito mapuche con las categorías de la teoría de la reciprocidad. Por lo tanto, aclaremos por qué las categorías de la teoría de la reciprocidad abren nuevas pistas de lectura.

El *principio de reciprocidad* permite que la afectividad se refleje sobre sí misma, por lo que se convierte en sensación de sensación, es decir, *conciencia afectiva*. La conciencia es "sentir que se siente", dice Aristóteles: sentir que se ve, que se camina o que se oye. La conciencia afectiva es el reflejo sobre sí misma de la "categoría afectiva de lo sobrenatural", de Lévy-Bruhl[52]. Cuando la afectividad se repliega sobre sí misma para quienes entran en una relación recíproca, se constituye el sentimiento común de referencia que da sentido a sus gestos y acciones.

Como los sentimientos son sin embargo absolutos y son directamente incomunicables entre sí, incluso si son los mismos, los hombres deben movilizar las analogías entre las características afectivas de sus sensaciones naturales, el miedo, la euforia, el dolor, el placer, el cegamiento, lo caliente, lo frío, lo duro, lo tierno, y las características afectivas de los sentimientos espirituales que crean entre ellos. Por lo tanto, la conciencia se expresa a través de la

---

[51] Rodolfo Magín CASAMIQUELA, *Estudio del nillatún y la religión araucana*, Bahía Blanca, Instituto de Humanidades, Universidad Nacional del Sur, Argentina, 1964.
[52] Lucien LÉVY-BRUHL, *Lo sobrenatural y la naturaleza en la mentalidad primitiva* (1931).

función simbólica mediante el uso de significantes tomados de la naturaleza.

Usaré con mayor precisión las nociones de *Palabra de oposición* y *Palabra de unión* que había introducido bajo el nombre de *Palabra de contradicción* y *Palabra de complementariedad* durante el análisis de los ritos mapuche descritos en las obras chilenas que consulté en Chile en los años 1980[53]. Cuando me di cuenta de que la Palabra de complementariedad correspondía al "principio de oposición" que Lévi-Strauss asimilaba a la función simbólica, cambié el nombre de *Palabra de complementariedad* por el de *Palabra de oposición*. Y fue también siguiendo el análisis del principio de "casa" de Lévi-Strauss, del que no supo extraer la idea de una segunda modalidad fundamental de la función simbólica, antagonista de la primera, y que ha descrito solamente como *la unión contradictoria de términos opuestos*, que he llamado esta segunda modalidad: *Palabra de unión*. Las *dos Palabras*, la una en el origen de la Palabra política, cuyas organizaciones dualistas son una primera institucionalización, y la otra en el origen de la Palabra religiosa, cuya *casa* de los hombres (el templo) es una materialización muy difundida, se dan siempre juntas en todas las sociedades del mundo[54].

---

[53] Estas ideas fueron publicadas por primera vez por en la revista mapuche *Huerrquen-Ad Mapu,* mayo de 1986 (p. 11-15 y p. 26-31) y junio-diciembre de 1986 (p. 12-17) por Rayen KVYEH (Rosa ZURITA), Comité Exterior Mapuche, Chile.

[54] D. TEMPLE, "Las dos Palabras", publicado en el Tomo II de *Teoría de la Reciprocidad, op. cit.* (en línea sobre el sitio web del autor: http://dominique.temple.free.fr); versión francesa: *Les deux Paroles,* collection « Réciprocité », n° 3, Lulu Press Inc., 2017.

Recordemos también, para los propósitos de nuestro estudio, que el *principio de reciprocidad* se presenta en dos formas opuestas: la *reciprocidad positiva*, construida a partir de la benevolencia entre miembros de la misma comunidad, y la *reciprocidad negativa*, a partir de la hostilidad entre diferentes comunidades. Cada una de estas dos formas crea una conciencia afectiva que se expresa en un imaginario específico: el prestigio y el honor[55].

Sigamos ahora la descripción del *Ngillatun* según Rodolfo Casamiquela, que retoma una observación de Ernesto de Moesbach:

> «[según] la siguiente observación de Moesbach (1944, 158[56]): "El mando para las preparaciones de la fiesta toca al cacique de la parcialidad organizadora que convoca preside y dirige la función religiosa, pero es el sacerdote indígena (**ngen-pin**: dueño de la palabra) que convoca, preside y dirige la función religiosa; bajo sus órdenes quedan caciques, **machis** y concurrencia". Este sacerdote *laico* –por oposición a la figura del **machí**, encargado exclusivo otrora de los aspectos religiosos profundos de la ceremonia– o sus ayudantes, son los encargados del sacrificio. El **machí,** como representante puro de la institución del

---

[55] Véase Dominique TEMPLE y Mireille CHABAL, *La réciprocité et la naissance des valeurs humaines*, Paris, L'Harmattan, 1995 ; traducción en español "La reciprocidad y el nacimiento de los valores humanos", Tomo I de la *Teoría de la Reciprocidad, op. cit.*

[56] Ernesto Wilhelm de MOESBACH, *Voz de Arauco. Explicación de los nombres indígenas de Chile* (1944).

chamanismo, se encarga de este aspecto sólo esporádicamente»[57].

El *ngenpin* (dueño de la palabra) solicitaría al cacique que convocara a las comunidades a una reunión religiosa, el *Ngillatun*, o su renovación, para generar el sentimiento común que será producido por el *compartir*.

Moesbach reconoce al jefe de la comunidad mapuche, a quien llama "cacique", un papel político: preside la reunión festiva. Sin embargo, la fiesta se construye en torno a la *Palabra religiosa* pronunciada por el maestro de la Palabra —*ngenpin*—, y se cierra con una bendición y una acción de gracias que el *ngenpin* expresa en nombre de todos. Por tanto, tendríamos que tratar por una parte con el cacique (*longko*), la autoridad que tiene la Palabra política de la comunidad y que organiza las fiestas entre comunidades; por otra, con el *ngenpin* que tiene la Palabra sacerdotal y preside los sacrificios; y por último con los *machi* que intervienen en otras funciones religiosas; de ahí la hipótesis de que *ngenpin* y *machi* dan testimonio de dos fases de la evolución del pensamiento religioso: la primera ritualizada por las oraciones y los sacrificios durante el *ngillatun*, y la segunda mediante rituales que aún debemos especificar.

En espera de estudiar la función de los *machi*, Rodolfo Casamiquela discute el sentido de la ofrenda recíproca y del sacrificio. Se refiere a la transcripción por Moesbach[58] de las palabras de un "informante" mapuche, el *longko* Pascual Coña, del que revela que la reciprocidad de cara a cara —el

---

[57] Rodolfo CASAMIQUELA (1964), *op. cit.*, p. 42.

[58] Ernesto Wilhelm de MOESBACH, *Vida y costumbres de los indígenas araucanos en la segunda mitad del siglo XIX* (1930), 1936.

konchotun o *koncholuwën*– tiene como función esencial producir un *sentimiento de amistad* imprescriptible:

«He aquí, extraída del mismo relato del indígena Coña [...] la narración de uno de tales ritos en su primera acepción: "Terminada la comilona, el hombre que está en relación de **concho**[59] con otro, dice a su mozo: 'vas a ver a mi concho; dile que deseo hacerme concho con el'. El mozo enviado va a encontrarse con el hombre señalado y dice: 'Me manda mi patrón' '¿Si?', contesta el avisado. El mozo le comunica: 'mi patrón dice: 'venga mi concho; quiero tomarlo de concho yo también'. 'Eso nomás deja dicho el enviado; después vuelve. El *metrem* (invitado, visitante) avisado se acerca; se va al *llanguillangui* (ofrendario) y se encuentra allí con su concho. Éste le dice: "Te he enviado el mensaje: venga por acá mi concho'. 'Así es pues', le contesta el otro, 'por ese motivo vine por acá'. El primero sigue: 'es que vamos a tomarnos hoy mutuamente por conchos; aquí esta el cordero'. Tiene un cordero amarrado en un lazo, cuyo extremo entrega a su concho, poniéndolo en sus manos. Éste lo recibe. 'Hágamos rogativas', propone el donador. 'Bueno' contesta el otro y entrega el cordero regalado a su mozo, para que le parte el pecho. El donatario del cordero corre a arrancarle, vivo todavía, el corazón; lo mantiene en su mano, chupa de él, escupe después hacia arriba y dice: '¡Ooom!, aquí estás, Dominador de la tierra, Cielo azul; danos nuestros sembrados: dirás respecto de nosotros 'que vivan muchos años mis

---

[59] *Concho* (*koncho* en mapudungun) = relación de amistad mutua: «Un hombre a quien se ha ofrecido la relación de concho en ocasión anterior quiere devolver la relación a su compadre, haciendo bilateral la amistad especial de concho». CASAMIQUELA, *op. cit.*, p. 94, nota 1.

hijos, que tengan abundancia de animales mis corderos'; no nos induzcas en desgracias, ¡Ooom!,. 'Ahora tú, dice al que le regaló el cordero. Ese toma el corazón y reza: '¡Ooom¡'. aquí estás; Padre; escucha nuestras oraciones; no nos rechaces, Rey Padre, Anciana Reina, que estás sentado en tu mesa de oro; dirige tu mirada protectora hacia nosotros, danos buen tiempo y lluvia para que encontremos nuestro sustento y te haremos nguillatunes por toda nuestra vida'. Termina con un fuerte grito: ¡Ooom!. La sangre saliente (de la herida) se recoge en un vaso viejo y la vacían en la batea que queda colocada sobre el llanguillangui o altar. Luego el concho metrem lleva su cordero para despellejarlo algo retirado del altar. Terminado este trabajo, cortan la carne en pedazos, hacen fuego y ponen la carne en una batea. Esa la llevan al llanguillangui y la colocan encima»[60].

Según este testimonio, los Mapuche se representan la amistad por el *corazón del cordero*. La *sangre* significa la comunión entre los dos socios de la reciprocidad, y la *conciencia común* producida por la reciprocidad se refiere al dominio de lo sagrado como distinta de las emociones prosaicas. Aquí la amistad es directa y es el rostro de la otra persona el que encarna la afectividad íntima que no se puede "medir" en buenas cosechas. En el encuentro individual de cara a cara, es el amor, el sentimiento que se crea que toma forma en el otro. El amor no se desencarna en un espíritu separado de los humanos. Es el "corazón" el que da sentido a todo sentimiento y a la vida misma de la conciencia. Esta vida está representada por la "sangre" del

---

[60] CASAMIQUELA, *op. cit.*, p. 94-95.

cordero. Si el corazón del cordero ha podido sustituir al de la llama, que a su vez representaba el sacrificio humano, para simbolizar la alianza de la naturaleza con el espíritu elevado por encima de la naturaleza, y si el sacrificio del prisionero es la integración del más allá con lo sobrenatural, el sacrificio del cordero, adquiere una triple dimensión: es a la vez el sacrificio que eleva el espíritu por encima de los instintos de la vida y por encima de la muerte, pero también asegura el paso de la reciprocidad negativa a la positiva (llama-cordero) y, finalmente, el símbolo de la encarnación del amor mutuo creado en cada uno de los protagonistas por la reciprocidad. Los momentos de la *génesis* y del *mesianismo*, que en la tradición monoteísta están disociados hasta el punto de ser ajenos el uno al otro (la génesis, por un lado, y la encarnación del mesías, por otro), se asocian aquí de forma íntima, aunque sólo sea porque la ausencia de escritura no permite conservar su memoria fuera de su celebración ritual inmediata. La *revelación* producida por la interacción recíproca es el mandamiento que se expresa en la Palabra y en la práctica diaria.

Cuando el *konchotun* tiene lugar con ocasión de un *ngillatun*, los Mapuche que quieren establecer una relación de *koncho* con una pareja concreta se remiten, no obstante, al *ngünechen* para dar fe, aunque sea públicamente, del significado de su actuación. La referencia a la dimensión espiritual del valor que se crea entre ellos se confirma con la bendición que ambos piden al mismo Tercero y que desean mutuamente.

Sin embargo, Casamiquela señala:

«La transcripción ha sido extensa pero era importante consignar el relato completo para que se advirtiera la conexión con la divinidad, no siempre aparente en los relatos y aun en las prácticas de esta clase. Ahora transcribamos unos párrafos correspondientes a un **konchotún** ("koncholuwen") de la segunda *acepción* de Moesbach [...]: "Aquellos cuyos finados padres habían sacrificado unidamente, siguen haciéndolo entre sí para siempre. Entonces hacen la entrega (del cordero) los unos a los otros. Esta pues la señal del amor entrañable entre nuestros finados padres. Del corazón de cordero se servían ellos como símbolo de que se amaban de corazón, cuando había une fiesta buena, tal como las rogativas, estando en pie en una linda pampa"»[61].

Casamiquela sigue:

«Al comentar el rito, el mismo Latcham[62] lo define como "una comunión sacramentada entre dos personas que se comprometen en mutua amistad", y Palavecino[63] (1928, 310) suscribe esas palabras. En efecto, no puede dudarse del significado del **konchotún** y por lo tanto de su inclusión dentro de la categoría de "ritos sacramentales" distinguida por Kagarov[64]. Pero en ella es necesario incluir todavía otra práctica, común al parecer a todas las ceremonias **nillatún** ahora; me refiero a la significación de *las parejas* en la danza (parejas del mismo sexo, por lo general, pero no siempre). Hassler[65] ha hecho al

---

[61] *Ibíd.*, p. 95.

[62] Ricardo E. LATCHAM, *La organización social y las creencias religiosas de los antiguos Araucanos* (1924), citado por CASAMIQUELA, *op. cit.*, p 95.

[63] Pablo GROEBER y Enrique PALAVECINO, *Un Ngillatún en el lago Lakar* (1928).

[64] Eugène KAGAROV, *Essai de classification des rites populaires* (1931).

[65] Willy A. HASSLER, *Nguillatunes del Neuquén* (1957).

respecto una observación interesante (1957, 91): "En este baile alrededor del altar agradecen a Dios el hallarse sanos, a la vez le demuestran la buena disposición que tienen para con sus semejantes. Con tal motivo invitan a bailar a unos y otros con el fin de unir buenos pensamientos, sellar amistades; también es una manera de agradecer alguna atención que haya tenido su acompañante". La exactitud de esta interpretación, que hace extensiva a la danza la *comunión de lo sagrado*, se confirma cuando se recuerda que en el **nillatún** de Esquel (Chubut), Harrington[66] recogió la denominación de **kenchoto** (= **konchótu**) como sinónimo de **nëllitu-përún**, que aunque no es una de las danzas de parejas, permite a cada participante ir tomado de la mano de un compañero elegido»[67].

Las relaciones de cara a cara individuales se integran aquí en el cara a cara colectivo, pero revelan lo que se espera de la reciprocidad: una amistad. Cuando la danza de los socios de reciprocidad se hace colectiva en torno al altar común, la *amistad* necesita un rostro común que la revele y se atribuye, en nombre de toda la comunidad, a su tótem. Este sentimiento puede ser dicho el de la *confianza mutua*, una amistad sin rostro sino el que se graba en el *rewe* para decir su humanidad.

El sentimiento de amistad entre los hombres no es solo un compromiso de ayuda mutua para dominar las dificultades de la existencia, sino también la *alegría*. La alegría común se traduce en gritos, ritmos, danza,

---

[66] Tomas HARRINGTON, *Apuntes tomados en un ngillatún* (1942).

[67] CASAMIQUELA, *op. cit.*, p. 96.

adornos… manifestaciones de los sentidos, ciertamente, pero de los sentidos ordenados a una expresión espiritual. Aquí, el objetivo de unos y otros es la producción de sentimientos liberados de toda determinación prosaica como el hambre, la sed o la sexualidad. La alegría demuestra que el *valor* creado por la reciprocidad no puede reducirse al simple *placer* que pueden provocar las cosas por sí mismas.

Rodolfo Casamiquela describe ahora el *altar* de las celebraciones religiosas mapuche que se llama *rewe (rehue* según los cronistas):

> «**Re** significa en araucano "puro", "genuino", "exclusivo". En cuanto a **we**, es el "lugar donde pasa algo, instrumento o utensilio con que se consigue el efecto indicado por el antecedente". (Moesbach, 1944, 210). Algo de esto habrá querido traducir el citado Núñez de Pineda cuando escribía (fide Latcham, 1924, 374): "los de parcialidad **regue** (que es lo propio)". Con estos elementos, es fácil entender el significado de **rewe**, aunque desde luego difícil transcribirlo literalmente. Quizá andaríamos más cerca de la verdad si reemplazáramos aquellos adjetivos apuntados por el concepto global de "sagrado", la hierofanía por esencia. Sea exacta en el sentido literal esta proposición o no lo fuere, creo que la idea de *sagrado* (como opuesto a *profano*) es prístina, lo que implica coincidencia con la posición de Latcham cuando avanza que ("el **aillarehue** parece haber sido una agrupación a la vez política y *religiosa*" (1924, 379)»[68].

---

[68] *Ibíd.*, p. 72-73.

El *rewe* es entonces primero el lugar de la reunión de la comunidad. Es el lugar de la fiesta que genera el sentimiento de pertenencia a una energía espiritual superior a la conciencia de cada uno, el Espíritu. La comunidad de reciprocidad es el dominio mismo de la génesis del Espíritu. La distinción de la nueva esencia del hombre –que se puede decir sobrenatural– conduce a una transformación del "signo" que está bajo la coacción de la vida en "palabra" que se libera de esta coacción para traducir los sentimientos propios del Espíritu. El *rewe* como altar sacramental es esta *interfaz*. Es más precisamente un altar dispuesto alrededor de un mástil levantado de la tierra al cielo como para representar el paso entre la naturaleza y esta nueva potencia que se crea por su propia dinámica[69].

Lo que se genera en el *ngillatun* es la potencia afectiva de la conciencia. Sin embargo, todo hombre tiene la impresión de recibir esta conciencia de un Espíritu indiviso como un *Tercero* entre él y sus contrapartes, y tiene la impresión de que se convierte en su huésped: *Ngünechen* –el Espíritu– se percibe ya sea como el único "Ser Supremo", que prevalecerá a lo largo de la historia mapuche reciente por identificación con el Dios cristiano bajo la influencia misionera, o más antiguamente como una cuadripartición que testimonia la relación de parentesco original de cualquiera sociedad humana, es decir una pareja llamada Ancianos, representando a la primera generación de la alianza, y una pareja llamada Jóvenes lo que indica que la

---

[69] La ceremonia del *ngillatun* originalmente el símbolo de la unidad de una comunidad mapuche, se centra luego alrededor de un tronco de dardo esculpido en forma de escalera que termina con una figura humana rodeada de un conjunto de ramas en las que se depositarán los sacrificios rituales, la sangre de un cordero y también la chicha.

reciprocidad de parentesco se impone por primos cruzados. Este tetragrama original constituye, a nuestros ojos, la percepción de la energía o la eficacia del Espíritu cuando es traducido por la Palabra de oposición.

La conciencia colectiva mapuche ligada a la práctica de la reciprocidad comunitaria se da el horizonte de la cordillera de los volcanes de los Andes y el océano como representaciones imaginarias de los sentimientos traídos al *más allá*. Por lo tanto, no hay razón para que esta conciencia no integre todo lo que puede ser considerado como sensible: el sol, la luna, las estrellas, la hierba o los animales necesarios para la vida, incluidos los volcanes y las mareas. *Pillán* (Espíritu de los volcanes, Espíritu de los Antepasados, Espíritu protector...) aparece como la extensión de *Ngünechen* a la naturaleza cuando la creación se extiende fuera de la comunidad de parentesco[70]. Esta diferenciación puede expresarse de manera singular en toda ocasión, pero también unificada por la Palabra de unión[71].

---

[70] Este espacio natural está estructurado por la Palabra de unión pero también por la Palabra de oposición según cuatro direcciones (el norte, el sur, el este y el oeste) como lo son las relaciones de parentesco. La relación entre la palabra natural y la palabra sobrenatural, representada por el *rewe* entre la tierra y el cielo, añade nuevas dimensiones al símbolo: si el número cuatro es la traducción numérica de una figura geométrica cuaternaria (la cruz o el cuadrado) que simboliza el advenimiento de la conciencia humana entre los Mapuche (el Tetragrama en el Génesis), el número seis se convierte en el de su cosmovisión, como en los Hebreos donde la creación del mundo dura seis días.

[71] *Ngünechen* "el Espíritu de las personas" se describe con los cuatro dinamismos de la relación de alianza de los orígenes redoblada a la generación siguiente, el Anciano y la Anciana, el Joven y la Joven, es decir un tetragrama: «Un hombre anciano (*feta chachai*), una mujer

Pero de repente, las cosas toman un nuevo giro:

«Pero quien da en el blanco, a mi juicio –dice Casamiquela– según veremos por lo que sigue, es Moesbach, cuando asevera (1936, 338) que "el rehue en sentido amplio es el distrito de jurisdicción de la machi, dueña del rehue; el machicazgo o unidad religiosa, correspondiente al **lof**, caserío, parcialidad, cacicazgo o unidad social-política. **Ngueicurehuen** (literalmente "mecer el rehue") es la formación de un nuevo machicazgo por investidura de una machi nueva y además la fiesta de la machi da la ocasión de la renovación de su palo (*rehue*)". [...]

Para Lenz[72] (1910, 680), **Rehue** es "el árbol de las ceremonias de la machi; consiste en un tronco de árbol grueso que se entierra generalmente un poco

---

anciana (*ñuke papai*), un hombre joven (*weche wentru*) y una mujer joven (*ülcha domo*)», según la transcripción de los autores de "Cosmovisión mapuche", María Ester GREBE, Sergio PACHECO y José SEGURA, *Cuadernos de la realidad nacional*, n° 14, 1972, p. 46-73.

«Este principio cuatripartito [...] constituye la base para la deidad mapuche Ngünechen» –precisa Ana BACIGALUPO. Según el historiador mapuche Antonio PAINECURA, que cita: «Ngünechen es dual, *epu*, hombre y mujer. Nunca muere porque, si bien nosotros morimos, él puede seguir pariendo Mapuche... El Hombre viejo y la Mujer vieja concentran la sabiduría y la experiencia porque aún son capaces de dar hijos a través del Hombre Joven y la Mujer joven. Estas cuatro personas son las que crean nuestro mundo, y todos los Mapuche son creados a partir de estas cuatro personas. Para los cristianos son Adán y Eva. Pero nosotros tenemos cuatro personas en lugar de dos». Ana Mariella BACIGALUPO, "Rituales de Género para el Orden Cósmico: Luchas Chamánicas Mapuche por la Totalidad", *Revista Chilena de Antropología*, 17, 2003, p. 47-74.

[72] Rodolfo LENZ, *Estudios Araucanos* (1910).

inclinado, saliendo más o menos dos metros de la tierra; en el lado anterior hay una tosca escalera tallada y en la parte superior se amarran ramas de canelo (*Drimys chilensis*), el árbol sagrado de los mapuches (araucanos). La machi sube en ciertas ceremonias a la pequeña plataforma en lo alto del tronco, donde baila y canta con el **cultrún** (tambor). En las ramas se ven a menudo los restos de un cordero sacrificado"»[73].

El *rehue* se convierte en sede de la Palabra religiosa que se concentra en la función de la *machi* (dueña del *rewe*), y los autores precisan que ese estatus autoriza una conversación con el más allá.

La investidura de la *machi* sucede a las relaciones de reciprocidad (el *ngillatun*). Evidentemente, la *machi* conversa en el campo del Espíritu, con el *Tercero*, pero no en cualquier lugar: *en la pequeña plataforma en la parte superior del tronco del rewe,* que visualiza la sede de la sobrenaturaleza.

«Augusta[74] (1916, 197) lo ha definido como "árbol o más bien tronco descortezado de árbol o de arbolito (laurel, maqui, canelo, etc.) plantado en el suelo. Si antes era, según los cronistas y dramáticos, signo distintivo de las parcialidades políticas, cuasi su pabellón, hoy día no existe entre los indígenas ni un recuerdo de aquello, figurando el dicho **rewe** solamente en las curaciones de las machis y, en algunas reducciones, también en los **nguillatunes**. Las machis tienen un **rewe** delante de su casa. El **rewe** tiene gran papel en las fantásticas visiones de los

---

[73] CASAMIQUELA, *op. cit.*, p. 73-74.

[74] Félix José de AUGUSTA, *Diccionario araucano-español y español-araucano* (1916), citado por CASAMIQUELA (1964), *op. cit.*, p. 74.

machis. También otras personas, sin que sean machis, se sirven de él para la protección de sus casas contra el influjo del malo". Y también (1934, 209[75]): "Según la descripción que nos ha hecho el indígena José Francisco Coliñ de Wapi, consiste el **rehue** en un tronco grueso de maqui, colocado expresamente para este objeto, en cuya extremidad se amarran ramas derechas y descortezadas, de maqui o canelo, de manera que divergen en todas direcciones. En dichas ramas se suspende por el nervio los corazones de los corderos victimados, y gallinas enteras y muertas. En el tronco se ven tallados unos peldaños cuyo destino es facilitar a la machi el ascenso, pues ha de subir en él para "hablar con el dios" y recibir sus revelaciones respecto al buen o mal resultado de las rogativas. Alrededor del **rehue** ejecutan hombres y mujeres sus bailes de la manera referida en la misma narración del **ngillatun**"»[76].

La *machi* debe su vocación a un éxtasis o trance que le revela la conciencia del más allá. Las *visiones fantásticas de las machi*, predisponen a las revelaciones atribuidas a los Espíritus en este *hablar con ellos. Ella entra en comunicación con Dios*, dice este comentarista.

Pero la *machi* no solo pronuncia oraciones, como el *ngenpin* en el *ngillatun*, sino predicciones. No solo ora, escucha la respuesta a las oraciones. Si no preside las celebraciones, la fiesta, las danzas y los cantos, ni siquiera los sacrificios que ya están bajo la autoridad del *ngenpin*, traduce la respuesta de la Conciencia engendrada por la

---

[75] Félix José de AUGUSTA, *Lecturas araucanas. Autorretrato del Araucano* (1910), 1934. *Ibíd.*

[76] CASAMIQUELA (1964), *op. cit.*, p. 74.

reciprocidad colectiva y el ritual sacrificial, en Palabras del Espíritu. En relación con la llamada función sacerdotal del *ngenpin*, testimonia una nueva fase del desarrollo de la conciencia religiosa: encarna la Palabra del *Tercero*. Ha pasado de un nivel de realidad a otro nivel de realidad que manifiesta con la Palabra profética.

Este paso de un nivel de realidad a otro nivel de realidad es bien conocido en el desarrollo de la conciencia religiosa de muchas sociedades: Moisés, por ejemplo, sube a la montaña para recibir la Palabra de su Dios que escribe la Ley sobre "Tablas de piedra". Y Saulo de Tarso recibe por visión la revelación de su Dios, con quien dialoga para interpretar el asesinato de Jesús de Nazaret como el sacrificio necesario para la refundación de la religión monoteísta. Sin embargo, los autores dicen aquí "para *hablar con el Dios*" y no "hablar con Dios". El matiz es importante: *el Dios* significa aquí que la Palabra actualiza una afectividad difusa, de modo que se podría traducir *el Dios* por los Espíritus. Esta aclaración nos remite al Antiguo Testamento, que comienza con la expresión *Elohîm*, que todos los comentaristas[77] traducen como "Dios" en singular porque el verbo que le sigue (crear) está en singular. Sin embargo, *Elohîm* es un plural y por lo tanto debe ser traducido literalmente por *Los Espíritus*. El verbo es ciertamente singular porque sólo hay una prestación en juego, pero el sujeto es plural porque esta prestación es recíproca. Y el verbo al comienzo de la Palabra es, por tanto, un verbo recíproco. Cuando el sujeto se pronuncia en singular, *el Dios* se convierte en *Dios*, pero el verbo deja inmediatamente de ser un verbo recíproco. Se convirtió en

---

[77] Con la excepción del exegeta André CHOURAQUI [en línea].

un verbo transitivo. La relación entre los sujetos de una acción recíproca que engendraba un Tercero se convierte en una relación entre este Tercero que se ha convertido en sujeto de una acción cuyos anteriores sujetos se han convertido en objetos. La Palabra se convierte en el origen de una acción (un mandamiento) mientras que la interacción de unos con otros en la reciprocidad era el origen de un sentimiento expresado por la Palabra. Esta inversión da a la *Palabra* la prerrogativa de estar en el origen del sentido, que era la prerrogativa de la reciprocidad. El mandamiento se apropia del verbo de la creación. Se puede ver aquí una ruptura entre una interpretación materialista e idealista del Génesis.

Por lo tanto, nos parece que los adivinos *machi* pueden compararse con los profetas del Antiguo Testamento, excepto que los Mapuche, que no tienen escritura, no pueden fijar la *revelación* como intangible como los escribas. Sin duda la escritura ha acentuado la separación entre monoteísmo y animismo porque fija la verdad revelada en una forma poco sujeta a innovación o contextualización. En una tradición oral, la función profética debe corresponder al acontecimiento inmediato. También el carácter inspirado de la Palabra se limita a la actualidad y se especializa en el arte de la adivinación. Es en la incesante renovación de su éxtasis y en la renovación de las prácticas rituales que los provocan, que las machi perpetúan la revelación de los Espíritus.

Pero, más fundamentalmente, la contradicción entre el monoteísmo y el animismo se debe sin duda a la oportunidad de una actualización heterogéneazadora o de una actualización homogéneneizadora de la Palabra de unión –actualizaciones que se excluyen mutuamente porque son contradictorias entre sí. Parece que la evolución del

Espíritu religioso debe elegir entre una vía teísta y una vía animista, porque ambas evoluciones son antagonistas una de otra. En una visión monoteísta, todos los poderes se unen en una sola mano. Según la visión animista, se diferencian según las circunstancias, y en primer lugar entre Espíritus nacidos de la *reciprocidad positiva* y Espíritus nacidos de la *reciprocidad negativa* que ya no se excluyen sino que, por el contrario, permanecen correlacionados entre sí. La bendición y la maldición se profesan en la invocación de los Espíritus protectores y la expulsión de los Espíritus malignos[78].

> «Sabido es que los **machí** cuentan con una serie des espíritus, o entes míticos auxiliares, a los que invocan de manera diversa. Para usar palabras de un indígena (en Moesbach, 1936, 355): "Hay entre nosotros machis del **huecufe** (poder maligno); no somos iguales en nuestra profesión. Algunas son machis brujas, manejan duendes, ánimas enganchadas, y **pihuichen** [duendes malvados]"»[79].

En los Mapuche, el estatus de adivino no se distingue del estatus de terapeuta o exorcista, mientras que en la tradición hebrea y especialmente cristiana, estas funciones animistas son condenadas como ataques al poder monoteísta. Por haber echado fuera demonios y curado a

---

[78] Se evitará confundir actualizaciones de dinamismos antagónicos como la homogeneización y la heterogeneización, el monoteísmo y el animismo, que no pueden existir juntas; y las actualizaciones de la diferenciación que, por el contrario, no pueden sino existir juntas y una por otra, como el norte y el sur el arriba el abajo, y aquí los Espíritus amigos y enemigos.

[79] CASAMIQUELA, *op. cit.*, p. 52-53.

los enfermos, Jesús, el hijo de José de Nazaret, fue acusado de ser el Hijo del Diablo por los sacerdotes de la ortodoxia religiosa judía.

Sin embargo, con la llegada de los colonos europeos, la sociedad mapuche se apoderó de nuevos medios de producción que facilitaron la reciprocidad positiva dentro de las comunidades. Los Mapuche dieron preferencia a la reciprocidad positiva, y algunos adoptaron incluso la idea de un solo Dios. ¿Pero qué había antes? ¿No fue al revés como en muchas sociedades de la América precolombina, por ejemplo en los Tupi-Guaraní de Paraguay y Brasil[80] o en los Shuar de Perú y Ecuador? ¿Y a muchos más?

Debemos precisar en qué consiste el sacrificio para destacar la consagración de la *machi* en su rol de intérprete de los Espíritus.

«Y para el **nguillatún** de Angostura de Icalma, Aluminé, Zamorano[81] observa (1919, 41): "Al día siguiente, a la salida del sol, se inició la fiesta con el sacrificio, por parte de la **machi**, de un cordero joven… La acción de sacrificar el animal tiene su técnica y es llamado *nguillatucar*: se le abre el tórax con un cuchillo rápidamente, y con la mano se le arranca el corazón. Cuando no hay **machi**, es el asistente del **nguenpin** el que realiza la tarea. La sangre se depositó en dos vasijas destinadas a ese fin, colocadas en el **llanguill**"»[82].

---

[80] Bartomeu MELIÀ y Dominique TEMPLE, *El don, la venganza y otras formas de economía guaraní*, Centro de Estudios Paraguayos "Antonio Guasch", Asunción del Paraguay, 2004, 258 p.

[81] Mariano ZAMORANO, *El ngillatun araucano y su sentido* (1949).

[82] CASAMIQUELA, *op. cit.*, p. 103.

Pero ¿de dónde viene este rito donde el corazón y la sangre de la víctima tienen una importancia decisiva?

«La figuración litúrgica y el destino final de los corazones es variable, según las regiones. La comida ritual está documentada en el impresionante relato (Latcham) del sacrificio de un soldado español referida por Núñez de Pineda, cautivo de los araucanos en la época de la Conquista. "(…) y estando en esto ocupado, le dio en el cerebro un tan grande golpe, que le echó los sesos fuera con la macana o porra claveteada, que sirvió de la insignia que llaman **toque** (*toki*). Al instante los acólitos que estaban con los cuchillos en las manos le abrieron el pecho y le sacaron el corazón palpitando, y se lo entregaron a mi amo, que después de haberle chupado la sangre, le trajeron una *quita* (**kitra** = pipa) de tabaco, y cogiendo humo en la boca, le fue echando a una y otras partes, como incensando al demonio a quien habían ofrecido aquel sacrificio. Pasó el corazón de mano in mano, y fueron haciendo con él la propia ceremonia que mi amo; y en el entretanto andaban cuatro o seis de ellos con sus lanzas corriendo a la redonda del pobre difunto; dando gritos y voces a su usanza, y haciendo con los pies los demás temblar la tierra. Acabado este bárbaro y mal rito, volvió el corazón a manos de mi amo, y haciendo de él unos pequeños pedazos, entre todos se los fueron comiendo con grande presteza". Varias observaciones pueden extraerse de este relato, primero que se trata aparentemente de un auténtico sacrificio, según lo demuestran la rogativa con humo de tabaco (no al diablo sino al dios supremo, desde luego, como veremos), el acto de chupar el corazón

(v. Moesbach, 1936, 390), y el hecho de haberse realizado la ceremonia frente al *palenque*[83] [...]»[84].

---

[83] Sobre la estructura del *palenque* (*meliu* en araucan), Casamiquela retoma las descripciones de antiguos cronistas: «Latcham la reconstruye de la siguiente manera (1924, 633): "Al parecer, el palenque a que se refiere nuestro autor era un tabladillo en cuadro, con gradas que subían en forma de pirámides truncadas, rodeadas por bancos reservados para los caciques, úlmenes, y personas importantes. Sobre este tabladillo o andamio hecho de tablones, efectuaban sus bailes, sus cantos y sus representaciones enmascarados, y probablemente alguna de sus invocaciones. La primera grada tendría más o menos una vara de altura del suelo, y las demás un poco menos, una sobre otra. El tablado de arriba era de considerables dimensiones, y consistía en una plataforma o podemos decir un proscenio en que se efectuaba la representación. En el centro se levantaba un árbol de canelo, símbolo obligado en todas sus fiestas y ceremonias. Este árbol se afianzaba con gruesos cordeles o maromas, sujetas a firmes estacas plantadas a las cuatro esquinas del andamio, de la manera descrita por Núñes de Pineda: "El **meliu** o palenque se levantaba en el centro del **lepun** o plaza de armas de la agrupación". (De acuerdo con la descripción original este palenque tenía por todo seis gradas). La asimilación de esta estructura a un **réwe** de características particulares es muy seductora, en especial por su ubicación y su relación con el canelo, árbol sagrado por excelencia de los araucanos según se desprende de todas las citas transcriptas y de todas aquellas que se relacionan con las actividades del **Machí**. Reténgase el detalle de la presencia de gradas (seis por todo, según Núñez de Pineda), rasgo común al **prapráwe-réwe** [forma simbólica, geométrica y simétrica en forma de cruz, del altar]». *Ibíd.*, p. 81-82.
Destacaremos que el árbol es el signo de la relación entre la tierra y el cielo, lo natural y lo sobrenatural, y las seis escaleras la figura geométrica que simboliza las dimensiones del espacio-tiempo del universo. Casamiquela tiene probablemente razón al señalar que 4 se llama el «número sagrado de América»: «Tiene un papel fundamental en la figuración de lo sagrado entre los araucanos» (p. 83, nota 2). Aquí, el cuadrado subraya que es la Palabra política basada en el principio de oposición y que son los *Lonko* los que están en el honor y no la Palabra

93

Se plantea la cuestión: si el sacrificio del prisionero está fundado por la reciprocidad negativa y la antropofagia que lo acompaña, o bien por la interfaz entre la naturaleza y la cultura, la interfaz entre la inconsciencia y la conciencia, cuál que sea la forma de la reciprocidad positiva o negativa? Pero entonces, ¿por qué este pasaje naturaleza/cultura sería ilustrado por un acto tan violento: chupar la sangre de un muerto aún vivo? ¿Deberíamos decir que el sacrificio es primero y que esta institución se impone tanto a la reciprocidad positiva como a la reciprocidad negativa, o bien deberíamos decir que el sacrificio del guerrero es necesario para liberarse de la muerte, y para pasar del Dios creado por la invitación y la fiesta del *ngillatun* al Dios creado más allá de la existencia terrena gracias a la experiencia de la muerte?

Casamiquela nos dice:

«Tratándose de un simple soldado raso y novel en la guerra, como aclara Núñez de Pineda, creo que puede excluirse la posibilidad de finalidades mágicas de incorporación de atributos de valor o coraje de la víctima».

---

religiosa del *ngenpin* o de la *machi*. De hecho, estas traducciones numéricas son tardías: me parece que representan una la figura geométrica del Tetragrama de la reciprocidad del parentesco, y la otra las seis orientaciones de la naturaleza. Estas dos representaciones de la Palabra de oposición están asociadas con la de la unidad de la Palabra de unión que simboliza el altar. Estas dos construcciones están tensas por la dinámica del árbol (el *rewe*) que los mapuche llaman también el *árbol de la vida* (*Huerrquen Admapu*, junio-diciembre 1986, p. 16) o de la montaña (la pirámide) para simbolizar la elevación de la naturaleza a la sobre-naturaleza.

[84] CASAMIQUELA, *op. cit.*, p. 104-105.

La incorporación antropofágica de valores atribuidos a la víctima es una idea que debe precisarse: en la relación de reciprocidad negativa, es la víctima la que está investida de un *alma de venganza*. Hay que "morir" para disponer de este alma de venganza y no matar. Por eso, efectivamente, la víctima puede estar connotada de valores humanos, de modo que puede estar justificado comer su cuerpo al que se le atribuyen estos valores. Pero cuando se mata, el *alma de la venganza* desaparece del horizonte de la conciencia del asesino. Alfred Métraux[85] ha descrito, a partir de los relatos de testigos que los vivieron u observaron entre los Tupinamba de Brasil, ritos importantes que atestiguan esta necesidad de incurrir en la mortificación física, hasta el límite de la muerte real, para que el guerrero que acaba de matar pueda merecer una nueva alma de venganza. Michaël J. Harner[86] ha dado otra ilustración de esto en su relato de las tradiciones de los Shuar. El rito de la reciprocidad negativa requiere que el homicida, después de su acto, "sufra la muerte" para resucitar su alma. Es un largo mes de ayuno, de sufrimientos y de magulladuras hasta la pérdida de conciencia, que el guerrero Tupi-guaraní debía soportar para adquirir una nueva alma de venganza, que hacía de él un hombre nuevo: un guerrero inmortal, como decían los Guaraní, un "hechicero" como decían los sacerdotes misioneros. Esto es fundamental, aunque no siempre

---

[85] Alfred MÉTRAUX, *Religión y magias indígenas de América del Sur*, Madrid, Aguilar, 1973.

[86] Michaël J. HARNER, *The Jivaros* (1972). Leer sobre ello: D. TEMPLE, "La reciprocidad negativa entre los Shuar", *Teoría de la Reciprocidad*, Tomo I *La Reciprocidad y el nacimiento de los valores humanos*, op. cit.; Leer también Bartomeu MELIÀ y Dominique TEMPLE, *El don, la venganza y otras formas de economía guaraní, op. cit.*

aparece en las descripciones de los ritos, ya que los cronistas están fascinados por la ejecución del prisionero más que por las ceremonias que le suceden durante las semanas siguientes. En realidad, el guerrero está tan convencido de que si el ciclo de la venganza se interrumpe, morirá espiritualmente, que procederá inmediatamente a su *muerte* ritual o aceptará sufrirla realmente del enemigo en su propia familia.

Es importante atribuir el alma de venganza al prisionero, pero también precisar que la conciencia nacida de la reciprocidad misma no pertenece ni a uno ni a otro socio de la relación y que se constituye como Espíritu de la venganza entre uno y otro. Por lo tanto, no se puede decir que la inconsistencia de la víctima (*raso y novel en materia de guerra*) elimine la hipótesis de que la reciprocidad negativa esté en el origen del sacrificio. La pregunta es solo: ¿a qué protagonista pertenece el Espíritu de la venganza, o a quién elige el Espíritu de la venganza como anfitrión y, más precisamente, cuál es el *alma de venganza* que lo representa? El guerrero que es sede de los sentimientos de "sufrir la muerte" y luego "actualizar el asesinato" y luego "sufrir de nuevo la muerte" adquiere tanto como el prisionero sacrificado este sentimiento que se llama el Espíritu de la venganza, pero es él quien por su rito de "sufrir la muerte después del asesinato del prisionero" adquiere la representación de este sentimiento en esta segunda alma de venganza. Esta segunda alma de venganza, dicen los Shuar, bloquea la primera como horizonte objetivo donde se refleja el sentimiento de la conciencia revelada a sí misma. Así pues, el asesino tendrá la última palabra si él sufre la muerte con su propio sacrificio simbólico.

En espera de esta aparición del Espíritu de venganza en la representación del asesino, la carne del prisionero es el significante del Espíritu de venganza. Y el reparto de la carne del prisionero entre los aliados convocados a una fiesta de reciprocidad positiva se convierte en una celebración del Espíritu de venganza que combina la reciprocidad positiva con la reciprocidad negativa. Cada trozo de carne del prisionero es comparable a una hostia del rito cristiano —en cuanto que ésta es la *presencia real* del Dios crucificado. Se notará que la diferencia entre los dos ritos proviene del hecho de que los misioneros dicen que el "prisionero" se habría ofrecido como sacrificio en el nombre de Dios. Habría pretendido encarnar la Palabra religiosa en su muerte como un mandamiento del Espíritu mismo. No sería el significante de un ritual simbólico perpetrado por los sacerdotes, como proponía Caifás[87], para salvar la unidad de la Palabra monoteísta, sino que habría pretendido encarnar a Dios[88]. Se habría "cristificado" a sí mismo, lo que, según la exégesis moderna, está lejos de ser obvio. En cambio, en los ritos guaraní, el prisionero tenía a menudo la osadía de proclamarse poseedor del Espíritu de la venganza. Y el hecho de comerlo significaba el intento de apropiarse de su divinidad —un rito *eucarístico*. Por otra parte, poco importa el valor intrínseco del enemigo: niño o anciano, solo importa el acto de venganza[89].

---

[87] El sumo sacerdote de la asamblea religiosa judía que condenó a muerte a Jesús de Nazaret.

[88] Según el evangelio de la fe cristiana.

[89] Los Shuar dicen que desde el momento en que la decisión de matar a un enemigo tuvo lugar, el *alma de venganza* desaparece. Esta restricción es de tal fuerza que si una expedición guerrera fracasa el miedo de ser así privado del beneficio del ciclo de la venganza obliga a matar a cualquier persona declarado arbitrariamente como "enemigo", para que

Que el sacrificio sea el de *un joven y sencillo soldado nuevo en la guerra* no significa que no forme parte del ritual de la reciprocidad negativa, y por tanto tampoco podemos excluir que el sacrificio del cordero no se refiera simbólicamente a la reciprocidad negativa. El argumento en que Rodolfo Casamiquela basa su convicción parece aquí insuficiente. El debate debe reanudarse sobre otras observaciones. Es al rito antropofágico al que Casamiquela apela:

> «El compartir su comida ha de haber supuesto, no obstante, una *comunión* o *participación* de carácter especial entre los participantes en el rito, ya que el corazón conserva una significación particular en el **koncholuwën** actual, aspecto particular del **nillatún** o "comunión sacramentada" —según vimos— entre dos personas que se comprometen en mutua amistad»[90].

Rodolfo Casamiquela aboga por la idea de que el sacrificio del cordero en la relación del *koncholuwën* es originalmente una ofrenda al Espíritu, y justifica así el sacrificio de este soldado prisionero por analogía con la ofrenda del corazón de un cordero. En efecto, el corazón puede considerarse como el significado de la afectividad, y la sangre como el de la vitalidad del sentimiento compartido entre los socios de la reciprocidad. El rito celebraría el nacimiento de la vida espiritual, y aquí de la amistad entre dos socios de una relación de reciprocidad de cara a cara individual. Pero la idea de que el corazón del

---

el ciclo de las actualizaciones antagonistas del asesinato y la muerte continúa. Ver TEMPLE, *Teoría de la Reciprocidad*, Tomo I, *op. cit.*,

[90] CASAMIQUELA, *op. cit.*, p. 105.

cordero sea el símbolo de la afectividad de los dos hombres recíprocos –la imagen de su propio corazón– o de la afectividad de benevolencia que quieren testimoniarse como cuando se ofrecen víveres, tropieza con el hecho de que no se puede dar al corazón del prisionero un significado positivo porque es el del enemigo. La tesis debe apoyarse en una argumentación más convincente.

> «Pero es muy interesante señalar que si bien la oveja común que reemplaza a la llama en los sacrificios se llama **ofishá** (= **ovisha**), derivado del castellano, cuando figura como víctima en el **nillatún** conserva el nombre de **weké** (véase a este respecto la canción de la oveja-víctima, o **weké taïel**, en Casam. 1958[91]). El **weké** reemplaza a las víctimas humanas en el sacrificio, según Latcham (1924: 699): "Antes de entrar en materia se celebran importantes ceremonias y ritos pidiendo la ayuda y protección de sus pillanes y tótems. *El sacrificio obligado en semejantes ocasiones era un prisionero de guerra o en su defecto un chilihueque* [llama]"»[92]. (Es el autor quien subraya)

Aquí, el sacrificio, incluido el sacrificio de los corderos en el *ngillatun*, parece corresponder bien al de un prisionero de guerra o *a falta de un llama* que es, por tanto, su símbolo, y se refiere a la reciprocidad de venganza.

Sin embargo, Casamiquela se refiere a un sacrificio original independiente de toda reciprocidad positiva o negativa:

---

[91] Véase Rodolfo CASAMIQUELA, *Canciones totémicas araucanas y gününa kena* (Tehuelches septentrionales), (1958).

[92] CASAMIQUELA (1964), *op. cit.*, p. 112.

«Ya he transcripto más atrás uno de tales sacrificios, presenciado por Núñez de Pineda, y parece que eran muy frecuentes según el mismo Latcham (1924: 639): "La antropofagia que tenía lugar durante estas ceremonias queda completamente confirmada por el testimonio de casi todos los cronistas". En el relato mítico sobre el origen de las rogativas apuntado por Robles Rodríguez[93], una vez que comienzan a bajar las aguas del diluvio la primera víctima sacrificada es humana: "un niño huérfano para obtener la sangre que se empleó en la ceremonia. En pos de este sacrificio vino el de gallos y gallinas, cuya sangre iba vertiendo en las aguas que se retiraban" (1911, 240)»[94].

Casamiquela concluye:

«En realidad, en esta categoría de sacrificios entre los Araucanos, la significación de la víctima se evade detrás del primer plano que va a ocupar el papel del corazón: la extracción del órgano, por excelencia residencia de la fuerza y la nobleza, y el ritual más o menos complejo de que es el centro, son evidentemente la finalidad de tales sacrificios. [...] De la significación profunda de la hierofanía del corazón para los araucanos es índice elocuente su propia denominación en el ritual: **llanka piuké**, cuya traducción he analizado en detalle. Ella surge además de su figuración en el **koncholuwën** o "comunión sacramentada", que también ya analizara; los participantes en él utilizan los corazones "como

---

[93] Robles RODRÍGUEZ, *Costumbres y creencias araucanas* (1911).

[94] CASAMIQUELA (1964), *op. cit.*, p. 112-113.

símbolo de que se amaban de corazón, cuando había una fiesta buena, tal como las rogativas, estando en pie en una linda pampa" –ha escrito el indígena Wenuñamko, informante de Augusta (1934: 27). "Cada uno de los participantes tiene un asistente que le sostiene el corazón para cuando le toca el turno de tomar la palabra". (Id., 28) [...] La presencia del corazón –símbolo de lo sagrado por excelencia– en el **nillatún** y su figuración como rúbrica del ruego purifican la ceremonia y vigorizan el sentido de las preces –sea cual fuere su intención o finalidad. Su comida ritual supone una comunión mística particular en la que se extiende a los favorecidos la participación del espíritu divino en la hierofanía, ya que el corazón de la víctima inmolada es la suprema ofrenda a la deidad»[95].

Pero, ¿cómo se explica que este sacrificio se relacione con el Diluvio? Ante el cataclismo original, ¿intentaría el hombre escapar de su destino refugiándose en lo sobrenatural? Si no hay indicación de que la enemistad de la naturaleza representada por el Diluvio pueda interpretarse como una venganza contra la cual el sacrificio sería el sufrimiento del hombre que bloquea el ciclo de reciprocidad negativa a su favor, por otro lado, la violencia no tendría sentido si no fuera interpretada como venganza. Si cada beneficio se traduce en un don (el sol, la lluvia) justificando la ofrenda a su vez, cada desgracia justifica una venganza. Desde una perspectiva animista, los Espíritus se adaptan tanto a los beneficios de la naturaleza como a sus fechorías. Por tanto, no parece posible postular un rito

---

[95] *Ibíd.*, p. 117-118.

inicial que deje de lado el imaginario de la reciprocidad positiva y de la reciprocidad negativa, de la ofrenda y de la venganza, porque los hombres no son espíritus puros. Cuando se dirigen unos a otros, es por medio de significantes. La función simbólica debe recurrir a la analogía con el afecto producido por una función biológica para atestiguar el sentimiento producido por la reciprocidad. En la reciprocidad de la ofrenda, el placer del consumo de los víveres se convierte en el significado de la amistad; y la sangre derramada, el sufrimiento, es el significado de la valentía creada por la reciprocidad negativa. El sacrificio es, como sostiene Rodolfo Casamiquela, primordial, pero no puede prescindir de sus condiciones de manifestación mediante la reciprocidad *positiva* y la reciprocidad *negativa*.

El rito mapuche especifica que el niño, después del diluvio, es "huérfano", es decir, ya perdido: sus padres han desaparecido. Este es el primer asesinato. Así entendido, el sacrificio del *niño huérfano* visualiza o actualiza el *primer asesinato* que no tiene otro significado que el que le da el sacrificio. Ahora bien la conciencia afectiva que pretende ser absoluta es homicida. En el fondo, el sacrificio del niño huérfano podría pues ser similar al sacrificio de Isaac e Ismael por Abraham en la Tradición judeocristiana para decir que el Verbo que quiere consagrar el Espíritu como su fuente independiente de la naturaleza prueba su omnipotencia exigiendo una obediencia absoluta hasta el sacrificio homicida[96]. Sin embargo, surge una duda ante esta

---

[96] Recordemos que el monoteísmo implica que Dios crea al hombre, y que el hombre debe manifestar su fe en Dios mediante una obediencia absoluta. Para probarlo, Dios da a su sumo sacerdote, el

hipótesis porque en la tradición hebrea no es el gesto de Abraham lo que cuenta sino el del ángel que detiene el brazo criminal para significar la prohibición del sacrificio humano. El Espíritu no puede ser separado del Mundo. Ambos son manifestaciones de la *creación* que se enriquecen mutuamente. Pues de la misma manera, en la tradición mapuche, el niño huérfano es inmediatamente reemplazado por un sacrificio simbólico (de gallos y gallinas) (como Isaac por el de una cabra). El sacrificio de animales significa, por tanto, la *prohibición del sacrificio.* El sacrificio ya no es más que una firma simbólica de lo necesario para que la Palabra de unión, la Palabra religiosa, se llame todopoderosa, pero no una consagración de la Conciencia.

Sea como fuere, el momento en que la Palabra pretende ser la iniciativa del sentimiento creado por la reciprocidad está aquí bien ubicado y circunscrito en el rito de entronización de la *machi.* La experiencia de la muerte es el paso obligado para acceder al dominio de lo sobrenatural que es *después* de la muerte. Toda la cuestión es entonces aprovechar el poder de la Palabra que pretende reflejar este

---

patriarca Abraham, dos hijos: uno, Ismael, con una esclava, mientras que él mismo es estéril, para significar al niño según la naturaleza, y el otro, Isaac, con su esposa que es igualmente estéril, y eso para manifestar el todo poder de su Espíritu. Luego ordena a Abraham que exponga a Ismael en el desierto donde tiene que morir de sed, y que inmole a Isaac con su propia mano en una hoguera. Así la fe de Abraham se impondría como la virtud suprema más fuerte que el amor de un padre por sus hijos. Abraham obedece. Pero el ángel interviene para decir que el Dios, que está convencido y satisfecho de su acto de fe, lo libera en su gran misericordia de la prueba y salva a Ismael e Isaac. Lo importante para nosotros es aquí la voz del ángel: la prohibición del sacrificio, ya sea el de la naturaleza (Ismael) o el del espíritu (Isaac).

más allá. No nos detendremos en los rituales descritos por Rodolfo Casamiquela, el trance o el éxtasis, ni en las ceremonias mediante las cuales los creyentes intentan representar las fuerzas que se supone pertenecer a este Espíritu separado de la naturaleza. Retendremos sólo uno de ellos que se refiere a la vocación de la *machi*: un *corte* para decir una *alianza* con la Palabra del Espíritu de la cual las *machis* serán intérpretes. La perforación de la lengua y su muesca dan testimonio de esta nueva función de la Palabra: la lengua ya no está destinada a hablar de la conciencia comunitaria sino a hablar de las decisiones del Espíritu que se ha hecho autor de la creación.

> «La ceremonia de institución se denomina **neikurewenën** = "mecer el **rewe**" (Augusta, 1934, 210) o **machiluwën** (Robles Rodríguez, 1912), y comporta, como rasgo fundamental —aparte de las fricciones, la perforación o sajado de la lengua (v. Guevara[97], 1929, II, 142) y otros elementos relacionados con la *preparación física*— el ascenso al **réwe** y el éxtasis, es decir, en el fondo, el ascenso místico al cielo, vinculado sin duda con la *elección divina* del candidato (siempre mujer en los relatos dichos). [...] Y en fin, he aquí el rito del sajado de la lengua: "Después acostaron a la neófita sobre *pontros* (frazadas) que previamente tendieron en el suelo; entre dos *machis* la tomaron de la cabeza, otra la hizo sacar la lengua que asió con un pañuelo para evitar se resbalase, raspándola enseguida con un cuchillo afiladísimo. La paciente se revolvía en convulsiones de dolor. Practicado el raspaje, con el cuchillo más pequeño de un cortaplumas de bolsillo, se le hizo en la

---

[97] Tomás GUEVARA, *Historia de Chile* (1929).

lengua una incisión profunda, vertiendo después agua en la herida y sacando la sangre. En la incisión se introdujo una partícula de hoja de canelo". Los detalles varían en la ceremonia descripta por Moesbach (1936, cap. XVII), pero el fondo es exactamente el mismo»[98].

La entronización de la *machi* ofrece así a la comunidad mapuche un símbolo de la inspiración que la *machi* recibe del Espíritu divino producto de sus relaciones recíprocas ritualizadas en el *ngillatun*. El sentimiento que surge del *ngillatun*, expresado en las rogaciones, se transforma en la inspiración que la Palabra de la *machi* reparte en presencia del *rewe*, esa escalera de madera entre la tierra y el cielo que se puede comparar con la cruz de los cristianos, menos el cuerpo torturado de Jesús de Nazaret. La *machi* redistribuye la generosidad divina en respuesta a la confianza de los hombres.

La diferencia con el protocolo religioso occidental y el protocolo religioso mapuche es que el primero se actualiza según una lógica de homogeneización (monoteísmo), el segundo por una lógica de heterogeneización (animismo).

Los exegetas cristianos creen encontrar en la Biblia una prioridad dada al sacrificio vegano sobre el sacrificio animal para relegar a la venganza el sacrificio sangriento[99]. El sacrificio tendría que estar dictado por una relación simbólica que deliberadamente favorezca la ofrenda vegetal sobre la ofrenda animal para justificar esta anterioridad o

---

[98] CASAMIQUELA (1964), *op. cit.*, p. 236 y p. 238.

[99] Véase Alfred MARX, en Christian GRAPPE y Alfred MARX, *Le sacrifice: vocation et subversion du sacrifice dans les deux Testaments*, coll. «Essai biblique», n° 29, Labor et Fides, Genève, 1998, p. 27.

mostrar que la reciprocidad positiva precedió a la reciprocidad negativa. Pero la *benevolencia* existe dentro de cualquier comunidad al mismo tiempo que la *rivalidad* entre ellas. Esto da como resultado una doble afectividad cuyo equilibrio ha sido reconocido por Radcliffe-Brown y Lévi-Strauss. El átomo de parentesco definido por estos autores está a favor de la idea de que las afectividades positivas y negativas se dan estrictamente iguales entre sí para formar el Yo de cualquier miembro de una comunidad. Lévi-Strauss también observa que están dispuestas a ambos lados de una afectividad común que él llama "mutua", y que procede de la relación de amor mutuo y, en consecuencia, de la reciprocidad de la alianza independientemente de cualquier imaginario[100].

El tránsito de la naturaleza a la cultura según el principio de reciprocidad que, a nuestro juicio, genera la conciencia, según este eje del desarrollo de la afectividad, da todo su alcance a la reserva de Casamiquela quien deplora la idea de una anterioridad de la ofrenda vegetal sobre la ofrenda animal. Las dos *formas* de reciprocidad se dan juntas y de manera contradictoria a ambos lados de un equilibrio y su relativización mutua permite a la conciencia dar sentido a ambas ramas de la alternativa, positiva y negativa, como nos recuerda el ejemplo paradigmático del encuentro de los indios chukchee que Leví-Strauss nos da para meditar en Las estructuras *elementales* del parentesco (1949)[101].

---

[100] Cf. Claude LÉVI-STRAUSS, *Antropología estructural* (1958).

[101] «Es en esta luz que hay que comprender la leyenda chukchee de los 'invisibles' donde los bienes, misteriosamente vehiculados, se intercambian de sí mismos; nada lo ilumina mejor que la descripción de sus antiguos mercados: se venían armados y los productos se ofrecían en la punta de las lanzas; a veces se sostenía un fardo de pieles con una

Todas las sociedades humanas han descubierto la trascendencia del *principio de reciprocidad* sobre las formas positiva y negativa que lo actualizan, a partir de su equivalencia cuando una puede relevar a la otra. Esta equivalencia permitió liberar el principio de reciprocidad del imaginario en lo que estaba incrustado y tomar conciencia de su carácter fundador. Lo que se argumenta en este sentido es que en todas las sociedades donde la reciprocidad negativa se constituyó en forma de asesinatos entre comunidades enemigas, y la reciprocidad positiva como desarrollo de la alianza matrimonial a través de la reciprocidad de los dones, el símbolo de una relación de alianza y el símbolo de venganza se expresaron en la misma "moneda". A partir de entonces, la equivalencia entre *compensación* y *composición* reveló que las dos formas de reciprocidad (positiva y negativa) cobraban su sentido no por su cualidad sino por su principio. Por eso, la reciprocidad del asesinato puede sustituirse por la alianza matrimonial entre sociedades enemigas[102].

Cualquiera que sea la relevancia de estas imágenes, no hay sociedad humana que ignore que el principio de reciprocidad es la base de las prestaciones que permiten a la humanidad cruzar el umbral de la naturaleza a la cultura y dar sentido al universo.

---

mano, y por el otro, un cuchillo de pan, tan dispuesto a la batalla a la menor provocación. Así, el mercado se denominaba antiguamente con una sola palabra; *elpur.IkIn*, 'intercambiar' que también se utilizaba en las venganzas». Claude LÉVI-STRAUSS, *Les Structures élémentaires de la parenté* (1949), 2e éd. révisée Paris-La Haye, Ed. Mouton & Co, 1967, chap. V "Le principe de réciprocité".

[102] D. TEMPLE, "La reciprocidad negativa y la dialéctica de la venganza", Tomo II de *Teoría de la Reciprocidad, op. cit.*, [en línea].

Pienso que hay que conservar el nombre de *ofrenda* por los bienes ofrecidos de unos a otros y al Espíritu común que aparece en las prestaciones de reciprocidad positiva como el *ngillatun*. Así se puede reservar el nombre de *sacrificio* al rito de paso que consagra la Palabra como expresión del Espíritu que se libera de toda relación con la naturaleza mediante la muerte. La Palabra de unión se percibe entonces como el origen de la Revelación y se convierte en la fuente del Génesis en lugar de la Reciprocidad. La Palabra se convierte en el sujeto del verbo crear. El verbo se vuelve transitivo o reflexivo y queda inmediatamente mutilado de toda dimensión recíproca. Aquí se descubre un segundo nivel de realidad si el primero está vinculado a la función originaria del *longko* y a la función sacerdotal del *ngenpin* (¡a menudo confundidas!), un nivel de realidad donde oficia la *machi* análogo al que oficia el profeta. Es necesario entonces constatar que la conciencia prohíbe, gracias a la función simbólica, el sacrificio, y denuncia la pretensión de la Palabra de unión al poder absoluto. Y se podría conservar el nombre de *principio de liminalidad* al ritual religioso que tiene por objeto permitir al iniciado sufrir simbólicamente la muerte para ser habilitado a testimoniar del Espíritu mediante la Palabra de unión: por ejemplo el *machicazgo*.

La religión cristiana ha condenado bajo el nombre de politeísmo o animismo cualquier religión distinta de la suya (politeísmo mapuche en las expresiones *Ngünechen, Pillán, Huecufü*, y animismo en las de los Espíritus). Relacionaba las revelaciones de la conciencia religiosa mapuche con los significantes que servían para expresarlas, y las fetichizaba para mejor descalificarlas. Esto no es específico de la actualización colonial y misionera de los Europeos. El principio está claramente establecido en el Antiguo

Testamento: cuando el pueblo hebreo exigió a su sumo sacerdote Aarón que hiciera renacer la imagen de su Dios mediante un sacrificio ritual, Moisés bajó del monte con las Tablas de la Ley, escritas por la mano de su Dios, y llamó a los levitas (los siervos del altar) para matar a todos los creyentes que habían hablado con Aarón, incluso a sus propios hermanos, hermanas, padres y madres. Sólo la Palabra monoteísta fijada en la Escritura podía, a sus ojos, legitimar la fe. Moisés atacó el fetichismo, pero se refería a cualquier expresión que derogara la estricta obediencia a su Ley. Sin embargo, mostró su intransigencia en el seno de su comunidad. Fue solo Saulo de Tarso, el fundador del cristianismo, quien inventó la Misión. Por Misión debemos entender la voluntad de imponer al mundo entero la Palabra religiosa monoteísta, y la condenación de los creyentes de otras religiones al infierno[103].

Hemos subrayado que el *longko*, autoridad de una familia extensa mapuche, se reúne con sus compañeros e innova con ellos las relaciones de *Konchotun*, es decir, de reciprocidad de cara a cara, creadora de un sentimiento de amistad indefectible. Entonces reconocimos que esta asamblea de varias familias está en el origen del nacimiento de un sentimiento común atribuido a un Espíritu indiviso que se presenta como un Tercero de referencia para todos (*Ngünechen*); y que la función simbólica recurrió a la analogía de sensaciones objetivas tomadas de la naturaleza, y

---

[103] Esta condenación se permitió un codicilo sorprendente: el significante femenino, generalmente requerido para decir la reciprocidad de alianza (el Anciano y la Anciana, Eva y Adán) o para decir la reciprocidad de filiación (el Nombre-de-la-Madre), fue acuñado por la Palabra cristiana que se jacta de decir el Bien al masculino, de un nuevo significado: el del Mal.

representadas por conocimientos objetivos verificables por la experiencia, para decir lo que es del orden de esta conciencia afectiva. Ahora bien, hemos reconocido dos Palabras: una intuitiva, que capta cosas en su unidad, y la otra analítica, que capta sus relaciones entre ellas: la Palabra de unión y la Palabra de oposición. Hemos tratado de precisar dónde la Palabra de unión se desarrollaba en el *ngillatun*, y adquiriría su autonomía con la entronización de la *machi*. Pero se puede descubrir, a partir del mismo ritual del *ngillatun*, el origen de la Palabra política, y precisar dónde y cómo se constituye su autonomía y su libertad.

2. La reciprocidad mapuche: un frente de civilización. Mirada retrospectiva a la interpretación de la reciprocidad como un intercambio, a partir del artículo de Erich BOHME BELLO, "*El Nguillatún de los mapuches: Antropología económica de un hecho social total*" (2014).

En un estudio reciente sobre el *ngillatun*, Erich Bohme Bello escribe:

> «En lo que respecta a la práctica propiamente tal del ritual, cuando las invocaciones han sido efectuadas de acuerdo a lo establecido por la tradición, aparecen, como característica, una serie de fenómenos que llaman poderosamente nuestra atención. No sólo los participantes en los bailes llevan consigo comida (sopaipillas, carne de cordero y caballo, maqui y *mudai*) que intercambian indistintamente –y que consumen durante la fase de rogativa–, sino que, cuando el *Lonco* así lo indica, se inicia un asombroso banquete de donaciones llamado *Katrünelëmn*, que es como se denomina en este contexto al acto de la distribución o reparto recíproco de comida y bebida (Augusta, 1991: 4), el mismo que Pascual Coña llama "comilona" (P. Coña, 1995: 389). Al respecto, de especial interés son las prácticas documentadas por Fray F. J. de Augusta. En sus *Lecturas Araucanas*, este religioso comenta que el "*Konchotún* es la mutua entrega de la carne del cordero hecha de la manera indicada; cuya consecuencia es que las dos personas que la han manejado, quedan unidas en adelante por una especie de amistad, llamada *konchowen* y se saludan para siempre *elmi koncho, tú koncho*" (Augusta, 1991: 3). Así notamos uno de los propósitos inmediatos del

intercambio de donaciones que se articula en el *Nguillatún*»[104].

Este rico comentario presenta la *reciprocidad* como un *intercambio de dones*, que reproduce el doble error de Mauss y de Lévi-Strauss, que ambos hacen del *don* un concepto operatorio, y del *intercambio* la articulación que permite al don del uno y al don del otro comprometer una dialéctica del imaginario del don (el prestigio) y un crecimiento económico motivado por el *interés* de cada uno de los socios. El don se considera entonces como una prestación unilateral y, para establecer su relación con la contra-donación, estos autores suponen una interacción de "intercambios recíprocos", motivada, según Mauss, por un imperativo de naturaleza afectiva, el *maná* –imperativo que Leví-Strauss también considera de naturaleza afectiva pero que se relaciona con el *interés del yo* de cada uno de los protagonistas del supuesto intercambio. El *maná*, para Mauss, termina por individualizarse en el *yo* en forma de un valor ético: dando algo, el dador da testimonio de su afectividad: *al dar, se da de sí mismo*, dice, y como es imposible que el dador enajena su afectividad, le es imposible renunciar a lo que testifica de ella, sea su autoridad o su competencia. Para volver a su domicilio de origen, el *yo* en cuestión exige la devolución de otros bienes idénticos o equivalentes a los que han sido entregados. Mauss habla entonces de "intercambio simbólico", pero en

---

[104] Erich BOHME BELLO, "El Nguillatún de los mapuches: Antropología económica de un hecho social total", *Revista de Historia y Geografía*, n° 30, 2014, p. 37-56 (p. 49).

última instancia es en los recursos materiales en lo que se traduce este intercambio simbólico.

Lévi-Strauss también habla de intercambio simbólico después de haber reconocido que el don establece un dominio sobre los demás hasta el punto de someterlos a su donante. Sin embargo, le parece que el intercambio separa a los donantes según su propio interés y para permitirles conservar su unidad afectiva, de ahí la idea de que sus intercambios se ocultan bajo la apariencia de regalos, pero que serían movidos por el interés bien entendido de cada uno. Una de las dos tesis imagina la afectividad como una fuerza de unión (*maná*), y la otra como una fuerza que opone el interés de uno al de otro. Para Lévi-Strauss, el equilibrio de poder de los protagonistas se equilibra en última instancia por la preocupación de evitar la guerra y, por lo tanto, tiende hacia la simetría de los valores constituidos: esta simetría, él la llama "reciprocidad". Subyacente a estas dos visiones, adivinamos el *principio de oposición*, que Lévi-Strauss considera como la modalidad esencial de la función simbólica, y la *Palabra de unión* que Mauss no logra precisar y deja prisionero de una afectividad indistinta, el *maná* –que Lucien Lévy-Bruhl luego teorizó bajo el nombre de "categoría afectiva de lo sobrenatural".

No es de extrañar estas teorías complicadas: una y otra provienen de investigadores inmersos en su sociedad donde el individualismo, el libre cambio y la propiedad privada alcanzan un grado de desarrollo tal que la reciprocidad desaparece, y que todas las afectividades comunes engendradas por la reciprocidad son olvidadas o borradas. Al no poder experimentarlos, y obligados a sentir en su lugar solo la de su *yo* (la afectividad es siempre una), estos autores proyectan la representación de su interés sobre los sentimientos de las otras sociedades que la suya. De ahí la interpretación occidental de la reciprocidad mapuche como solo una redistribución de bienes materiales. Erich Bohme Bello se sorprende entonces de una paradoja:

>«Así, en el banquete, se articula un proceso extendido de reciprocidad generalizada. Por supuesto, y como ya hemos establecido con anterioridad, cada familia situada en uno de los muchos fogones localizados en el contorno del *Lepún* ha llevado a la celebración del *Nguillatún* la totalidad de los bienes de consumo que poseen. Por esto el volumen de comida disponible involucrada supera siempre la capacidad de consumo de los asistentes, incluso de los invitados y espectadores del *Nguillatún*. Esto implica que, si bien parte de los manjares intercambiados terminan regados en el *Lepún*, las gentes comen en volúmenes desacostumbrados cantidades de cordero, piñones, sopaipillas, mote y papas, además de beber el *mudai* que llevan en los *metahues*, o cántaros sagrados.
>
>Interesante –y paradójico– es también que la tradición obligue a estas personas a gastar todo lo que tienen, cuando la rogativa que están articulando tiene, por motivo esencial, el asegurarse por mediación divina el sustento o bienestar material, léase este en términos de su significado para estas sociedades: comida»[105].

¿Por qué eliminar que el aporte material de los participantes esté destinado a crear entre los hombres un valor espiritual, la *amistad*? Es como si pretendiéramos que el *milagro de la multiplicación de los panes y los peces*, en la

---

[105] *Ibíd.*, p. 49-50.

tradición bíblica, significaba un modo de producción de riqueza, en lugar de entender que *compartir* es el lugar de creación de la vida sobrenatural, la conciencia de amor o amistad entre hombres (el *pan del cielo*), y que queremos sustituirlo por el ideal opuesto que puede ser efectivamente el de cualquier observador cuando se presenta en nombre de la sociedad capitalista y como su testigo autorizado. Es claro que cuando cada uno aporta no sólo para su propia subsistencia sino también para la de los demás, el número de bienes recogidos es un múltiplo del número de personas que participan en esta ofrenda, y que la superabundancia parece prodigiosa hasta el punto de fascinar a los interesados sólo en la acumulación de riquezas. Y si nos atenemos a esta visión prosaica del milagro, podemos entonces sorprendernos de que los Mapuche sean lo suficientemente despreocupados como para abandonar el exceso de lo que han ofrecido y consumido. ¿Por qué abandonar todos estos bienes? Erich B. Bello se sorprende:

«Ahora bien, si la usanza condiciona a los mapuches a derrochar en forma de compartir su *stock* alimenticio con sus pares y a elevar una parte no necesariamente menor en ofrendas a las divinidades, aparece, a modo de prohibición, algo tal vez aún más sorprendente. Una vez concluida la ceremonia (hecho que supone la extinción de **todos los fogones), los participantes no pueden llevar nada de regreso a casa**, o al menos –como se nos ha hecho saber– nada que les haya pertenecido previamente (S. Coña, 2006; Linconao, 2006). Es decir, si algunos llevan comida de

115

vuelta esto sólo es socialmente aceptable si ésta les ha sido donada (Linconao, 2006)»[106].

No prueba esto que el objeto de la ofrenda recíproca es constituir un sentimiento espiritual y no apropiarse de bienes materiales, y que los participantes en el *ngillatun* pretenden dejarlo claro? Pero Erich B. Bello propone otra explicación:

«La anterior descripción del *Nguillatún* nos obliga a considerar un aspecto fundamental: que este rito es, en el fondo, una celebración eficaz en lo que respecta al ánimo y espíritu del grupo y que, sobre todo, "se materializa en la abundancia de alimentos compartidos" (Foerster, 1993: 97). Es por esto que la noción del *Hecho social total* de Marcel Mauss se nos presenta como una primera instancia teórica para comprender mejor qué es el *Nguillatún* en términos simbólicos, particularmente su implicancia material, es decir en aquello que toca la forma en que estos grupos han sostenido su existencia en el tiempo.

Uno de los fenómenos asombrosos en el *Nguillatún* es el notar cómo el sacrificio (de especies, de animales o, incluso de humanos) se caracteriza por el hecho de que **aquello que se "sacrifica" sufre un proceso de sacralización** (soy yo quien subraya) que lo separa irremediablemente de la esfera de lo profano. Mediante esto entendemos que aquello por lo que se eleva la rogativa es pagado o devuelto por la comunidad a *Nguenechén* en el acto del sacrificio propiamente tal. Si lo observamos nuevamente bajo la

---

[106] *Ibíd.*, p. 50 (soy yo quien subraya).

óptica teórica de Mauss, notamos que hay un *Don* que es (y debe ser) devuelto en un *Contra-don* y que eso representa un elemento fundamental en la articulación de la economía de los mapuches. En otras palabras, los mapuches hacen un sacrificio al deshacerse de sus bienes de subsistencia para, valga la paradoja, asegurar su sustento, que retorna en la benevolencia del creador que devuelve su don permitiendo condiciones climáticas favorables que, al final del camino, les asegura buenas cosechas.

Estas características sociales inmersas en el rito nos permiten entender que el *Nguillatún* es, en el fondo, un acontecimiento que otorga sentido a la vida social de las comunidades mapuches debido a que, develado, nos refiere a un problema que es esencialmente económico. Y esto no sólo debido a que las rogativas normalmente tienen relación con el clima y las cosechas como lo hemos señalado anteriormente, sino especialmente porque, como práctica, se limita a —esto dicho en los pertinentes términos etnocentristas— marcar etapas productivas»[107].

Dejemos a un lado la *caja negra* de Mauss (el "hecho social total"). Lévi-Strauss es más preciso: desde el momento en que la reciprocidad moviliza las cosas, éstas reciben un sentido indistinto que se confunde con su valor. Es la Palabra de oposición la que permite luego asignar a cada una de ellas en particular su parte de sentido, su significado en relación con las demás. Añadiremos que la Palabra de Unión les reconoce a todas un valor común.

---

[107] *Ibíd.*, p. 51-52.

No escapó a Erich Bohme Bello que el análisis en términos pre-capitalistas de las sociedades amerindias se topaba con evidencias contradictorias y, en particular, que la reciprocidad productiva engendraba una forma de abundancia material, desde el momento en que tuviera como consecuencia inmediata satisfacer las necesidades de todos en lugar de producir la riqueza inconmensurable de unos y la miseria absoluta o relativa de otros. Por ello, hace una breve alusión a las observaciones de Malinowski según las cuales la economía de los isleños de Trobriand es "la inversa" de la de los ingleses, para concluir:

«Uno de los muchos fenómenos que podrían llamar la atención de alguien ajeno a las costumbres de estas comunidades, es el hecho de que en la práctica propiamente tal del *Nguillatún* los bienes de subsistencia son consumidos en abundancias groseras y derrochados indiscriminada-mente. Esto sucede con motivo de que sea posible dar por cuenta con **todo el excedente (o *riqueza* a ojos de un occidental medio) acumulado por esas comunidades para, una vez perdido, activar un nuevo ciclo productivo.** Un economista formal diría que esta práctica es, en el fondo, una **forma artificial de crear escasez para incentivar al grupo a emprender un proceso productivo nuevo y más eficiente».** (Soy yo quien subraya).

Uno de los méritos de Sahlins, que el autor cita, es haber demostrado sin embargo que la economía política aseguraba la abundancia a las comunidades amerindias mientras que la economía capitalista la reservaba a quienes se apropiaban de los medios de producción. Hemos discutido esta tesis de Sahlins en *La dialéctica del don* (1983)[108] y no volveremos a ella. Erich Bohme Bello añade:

> «Ahora bien, no obstante lo anterior, y aunque la finalidad material del rito tiene dicha particularidad, su calidad de dispositivo cultural nos recuerda que, como acto, este siempre es inconsciente; en este sentido, no olvidemos que "la cultura no deriva de la actividad racional de los individuos" (Sahlins, 1997: 9)».

(Y por eso es urgente iluminar con la razón lo que los hombres viven de manera empírica, que es el objetivo de la Teoría de la Reciprocidad).

> «Otra particularidad sumergida en el *Nguillatún* es que, más allá del marcar (y estimular) el inicio de una nueva fase productiva, el que en esta ceremonia se gasten los bienes de la comunidad en un festín, **implica que las diferencias sociales y las emociones antagónicas basadas en la posesión de excedentes y en la acumulación sean exitosamente resueltas en la práctica misma de este ritual.** En este sentido, un rol que no ha sido reconocido en el *Nguillatún* de los mapuches es el de la particularidad que tiene de tornarse en una suerte de ecualizador o, más bien, en un elemento perpetuador del orden social tradicional, asegurando una convivencia menos inclinada hacia conflictos interpersonales o entre las unidades domésticas. Esto es así porque su celebración tiende a igualar a las

---

[108] D. TEMPLE, *La dialéctica del don*, La Paz, Hisbol, 1986, 2ª ed. 1995, 3ª edición en *Teoría de la Reciprocidad*, Tomo II, *op. cit.* [en línea].

familias en términos de sus posesiones materiales de modo que las diferentes suertes de cada uno no se hagan permanentes ni más profundas. Todos gastan durante el banquete todo lo que tienen, sin importar si algunos fogones tenían más comida u otros bienes de consumo que perder. **En ese sentido es un *igualador social*, pero, más que eso, lo que el *Nguillatún* hace es perpetuar la estructura y forma social vigente. Así, evitando la riqueza de unos en desmedro de otros, reafirma el status superior del *Lonco* y la *Machi*»**[109].

Ahora bien, se sabe que en todas las comunidades del mundo regidas por la autoridad espiritual engendrada entre los hombres por la reciprocidad, esta autoridad no busca un poder temporal sino espiritual. Sería sorprendente que los Mapuche rompieran la regla.

Seguimos la idea que persigue Erich Bohme Bello. Pone de relieve un hecho importante: si la naturaleza no está separada de lo espiritual, así que el sacrificio humano está prohibido en beneficio de la alianza de lo espiritual y lo material, entonces el principio de la oferta recíproca es también el de la economía política, incluso reducida a la producción y al consumo más prosaico, porque el mandamiento es el de reproducir la reciprocidad de benevolencia –lo que significa que no se puede considerar a los demás como un espíritu puro y que hay que ofrecerles inmediatamente las condiciones de existencia que necesitan: *la hospitalidad es el principio de la economía que obliga a producir para otros.* Este es el resorte de la producción económica que reconoce el autor: la hospitalidad se debe a todo

---

[109] Erich BOHME BELLO (2014), *op. cit.*, p. 52 (soy yo quien subraya).

humano que se presenta ante sí: el techo, la comida, la protección, la atención sin los cuales está perdido (huérfano). La producción económica es aquí imperiosamente recomendada como para obedecer a la que desde el origen ha permitido la relación de reciprocidad positiva entre los hombres, la reciprocidad productiva que conduce al compartir. Pero Erich Bohme Bello ahoga esta dinámica en una forma general (un *hecho social total*) del que no se sabe nada más que *sustente su existencia en el tiempo*... Esta imagen remite a la idea defendida por Karl Polanyi de que los beneficios económicos están *"embedded"* (sumergido, envuelto, incrustado) en lazos afectivos y simbólicos como el núcleo de un melocotón en la pulpa de la fruta. Y por tanto no son las condiciones de existencia las que se ponen en juego por el sacrificio para producir la esencia de lo que está fuera de la existencia y que se llama sobrenatural, sino al contrario, lo sobrenatural que sería el garante de las condiciones de vida...

El contrasentido se instaura cuando, para satisfacer la teoría liberal de la sociedad capitalista, los comentaristas se niegan a tomar en consideración que esta economía de bienes existenciales está indisolublemente ligada a la producción del sentimiento de humanidad que la justifica. El contrasentido se instaura cuando mutilan la relación de los hombres entre sí, cuando la reducen a un trueque o a un intercambio. Desvalorizan sus prestaciones privándolas de su dimensión simbólica y desnaturalizan la *alegría* en el placer de la concupiscencia o peor aún de la sed de poder acumulado en el valor de intercambio: aquí, lo que está en juego, es la inversión del *valor* en la relación de fuerza de los capitalistas, que miden por el *precio*. La desfiguración del *valor* en el *precio* de las cosas, que determina su relación de fuerza según los intereses de cada uno, conduce a la implosión de la sociedad humana por el vacío de toda ética en la conciencia de sus protagonistas. Y por eso se observa un endurecimiento intelectual muy violento de los autores cuando se trata de esta cuestión del valor. Los capitalistas no pueden soportar que la ética participe en la definición del valor. Se justifican diciendo que es un obstáculo a la representación de las cosas y a la medida de sus relaciones de fuerza. Definen la *utilidad* por el valor de intercambio marginal de su producción, y este *valor marginal* por un *provecho mínimo* en proporción al capital invertido. En otras palabras, en un sistema de no reciprocidad, se elimina toda producción de sentimiento común y toda dimensión del valor de responsabilidad, de confianza o de solidaridad e incluso de justicia.

Volvamos a la cuestión de fondo. ¿Por qué los hombres no se contentarían con aprehender sus valores espirituales a partir de su experiencia, y no se comunicarían entre sí según su imaginario, independientemente de quienes elijan la no reciprocidad?

Conozco dos razones que impiden esta solución: la primera cuestiona la naturaleza de la afectividad. Hemos dicho que la afectividad es absoluta y también la conciencia que procede de ella. Así pues, no habría ningún obstáculo para que la Ley se impusiera a todos; pero varias *estructuras sociales de base* diferentes responden al principio de reciprocidad y crean cada una, una conciencia afectiva específica que entra en competencia con las otras. Tenemos un ejemplo en el *ngillatun* –reciprocidad generalizada– para retomar la expresión de Erich B. Bello, pero también el lugar donde se articulan reciprocidades individualizadas del *koncholuwën*: la reciprocidad de compartir produce la conciencia colectiva; y la reciprocidad individualizada, la amistad singular entre dos hombres. Entre las conciencias engendradas por estas dos formas de reciprocidad, ¿quién prevalecerá en caso de obligaciones diferentes? ¿La ley de la comunidad o la amistad de los particulares?

Esta es la cuestión que trata la tragedia de Sófocles: *Antígona*. La confrontación de los dos héroes Creonte y Antígona opone dos sistemas de reciprocidad. Creonte se convirtió en el príncipe de la ciudad y debe hacer reinar la justicia, que prohíbe atribuir una sepultura a los hermanos de Antígona que se mataron entre sí. Pero Antígona está unida por una amistad indefectible a sus hermanos, a los cuales debe la sepultura. La tragedia muestra la irreductibilidad de la contradicción entre la afectividad de la conciencia resultante de la reciprocidad generalizada (la Justicia) cuando está prisionera del imaginario de la ciudad, y la afectividad de la conciencia nacida de una relación de reciprocidad simple, cuando es prisionera del imaginario del parentesco: la justicia por un lado y la amistad por el otro.

El razonamiento es el mismo para la conciencia afectiva creada a partir de un sistema de reciprocidad complejo y para la conciencia afectiva derivada de estructuras de reciprocidad elementales: una estructura o un sistema de reciprocidad que engendra una conciencia afectiva (siempre absoluta) puede conducir por su exclusiva a la aniquilación de las estructuras de reciprocidad que le oponen una conciencia afectiva diferente. Por ejemplo, el primer Sumo Pontífice de la Iglesia Cristiana (Pedro) da testimonio de lo absoluto de su ley con el asesinato de Ananía y Saphire[110]. Según él, la reciprocidad colectiva de la

---

[110] El apóstol Pedro, convertido en el jefe de la Iglesia cristiana, exigió que todos los cristianos dieran todos sus bienes a la comunidad. Ananía y Saphire dejaron de lado una parte de sus bienes como garantía mutua

comunión cristiana crispada en torno a un Dios único sólo engendra la fe, que se actualiza en un pacto que no tolera ser desafiado por el valor generado por otra estructura de reciprocidad, aunque sea la del amor aquí representada por la relación matrimonial de Ananía y de Saphire, el amor mutuo. El asesinato de Ananía y Saphire es el símbolo del sacrificio del amor a la fe. Se responderá que este doble asesinato es simbólico y que significa que fuera de la reciprocidad no hay salvación ya que cada uno pierde todo acceso a la vida espiritual. Sin embargo por su expresión por la Palabra de unión la Ley es homicida.

Ahora bien, en los Mapuche, la amistad, la *philia*, el *koncholuwën* es primordial. Estas observaciones son decisivas: permiten comprender por qué cada civilización intenta coordinar entre sí las diferentes estructuras de reciprocidad, acondicionando sus interfaces para permitir a cada una de ser productora del valor del que es específicamente la matriz, precisando para cada una de ellas un espacio propio. Así, por ejemplo, la preocupación de dominar la violencia por la reciprocidad negativa está reservada al guerrero, y la de garantizar la justicia al magistrado.

A lo largo de su historia, las sociedades han tratado de articular las diferentes estructuras de reciprocidad entre sí para construir sistemas complejos generadores de una afectividad común que dé al título de ciudadano una dignidad igual. Pero cada una de estas referencias depende del absoluto de la afectividad del sistema de reciprocidad que la sostiene (recordemos que la afectividad es siempre

de su alianza matrimonial. Denunciados, el apóstol Pedro los condenó a muerte.

una) y, por tanto, el choque de las culturas puede ser terrible: hemos analizado el encuentro de los colonos y de las sociedades de América como un choque de civilización que desde el punto de vista económico se ha traducido en un *quid pro quo histórico*[111] y la ruina material de los imperios precolombinos en beneficio de la acumulación pre-capitalista occidental. Y se podría mostrar que en muchas otras dimensiones (religiosa, ética, artística…) el enfrentamiento de los dos Mundos se ha saldado con pérdidas inconmensurables e irreparables.

Lo hemos dicho: el sacrificio que permitiría fundar la conciencia afectiva como un absoluto es abolido desde el principio. Tanto en los Hebreos como en los Mapuche, la Ley que dice la primacía de la Palabra de Dios sobre el amor humano es denunciada por la prohibición del asesinato y la prohibición de separar el cuerpo del espíritu. Los *machi* mapuche dan testimonio de que la función simbólica sustituye el sacrificio por una relación de alianza de la naturaleza y el espíritu. Pero también se prohíbe la profesión de fe inversa, es decir, la eliminación de la ética en beneficio de la relación de las cosas entre ellas. Si se transforma la reciprocidad en una relación de fuerzas, se restringe la conciencia al conocimiento de estas fuerzas y se transforma la libertad creativa en poder de dominación y explotación del hombre por el hombre. En el Génesis del Viejo Testamento, se dice incluso que esta prohibición es la primera: se prohíbe a la conciencia humana comer del fruto

---

[111] D. TEMPLE, *El Quid-pro-quo Histórico. El malentendido recíproco entre dos civilizaciones antagónicas*, 1ª ed. Aruwiyiri, La Paz, 1997, 2ª ed. *Teoría de la Reciprocidad*, Tomo III *El frente de civilización*, *op. cit.*; versión francesa aumentada: *Le Quiproquo Historique*, coll. « Réciprocité », n° 12, Lulu Press Inc., 2018.

del árbol del conocimiento. Como se ha visto en los ritos mapuches y cristianos *comer* significa *apropiarse* y *identificarse*. Ahora bien, está prohibido identificarse con el fruto del árbol del conocimiento, es decir, con las representaciones de las cosas para ellas, independientemente de su participación en la reciprocidad que les da sentido (su valor). Por lo tanto, no es la ciencia lo que está prohibido, sino el fetichismo de sus conocimientos, por ejemplo el fetichismo racista, del que hablaremos por otra parte, y el fetichismo capitalista del valor de intercambio.

La segunda causa de la catástrofe anunciada interesa entonces a la razón. Aquí hay que ser preciso: la lógica utilizada por la Razón es la lógica descrita desde la antigüedad como un *"organon"* adecuado para la comunicación de los conocimientos, la llamada lógica de no-contradicción y, más precisamente, la lógica de identidad que define las condiciones de una representación objetiva del universo físico, y ello para la mayor felicidad del ser vivo porque puede controlarlo en su propio beneficio. Es precisamente en cuanto vivo que el hombre toma conocimiento de las relaciones de fuerza de la naturaleza física gracias a esta lógica de no-contradicción que suscribe el principio de identidad, de modo que la identidad se convierte en el fundamento ontológico de la existencia. Homero había observado que «Héctor moribundo tenía otros pensamientos...», pero los Antiguos constataban que es en cuanto vivo que el hombre toma del mundo una percepción regida por las leyes de la física. Los occidentales se consideran siempre los más vivos de los vivos, hasta el punto de pretender una diferenciación tal que todo individuo tendría el derecho de hacer valer su propio interés sobre el de todos los demás siempre que con su inteligencia y su ciencia dominara la situación y pudiera explotarla para su beneficio.

Ahora bien, el ritual mapuche como los de muchas sociedades revela que la reciprocidad tiene como objetivo la génesis de la conciencia independiente de la física tanto como de la vida. El Verbo se dice desde el principio, ya que parece nacer de la nada, y en el origen de la humanidad cuando se llama a sí mismo. El rito manda reproducir las condiciones de su nacimiento, pero también, como dicen los Guaraní, las de su propia evolución.

Por ello, la razón y la ciencia son hoy convocadas por las comunidades que guardan el secreto de la génesis de la conciencia y de la razón ética de manera empírica en sus rituales. ¿Pero qué razón y qué ciencia ? Una razón legitimada por el reconocimiento de una lógica generalizada que da cuenta ciertamente de la física (gracias al principio de identidad) pero también de la vida (gracias al principio de no-contradicción), y que se reconoce finalmente al *Tercero incluido* como tercera polaridad del devenir lógico; lo que equivale a relativizar el principio de no-contradicción y renunciar al principio del Tercero excluido de la lógica de no-contradicción. Se trata de poner fin a la mutilación de la Razón por la lógica occidental, al menos al uso abusivo del "organon" lógico de la física fuera de su dominio de predilección del momento que es inadecuado para dar cuenta del Génesis y de las propiedades de la conciencia. Se trata de respetar la integridad de la Razón. ¡Ahora bien, incluso hoy la misma Física nos invita a ello, así como la Matemática! Sin embargo la emancipación de la Razón de su lógica unidimensional solo puede liberar del empirismo las estructuras de producción del valor.

La adicción al Poder y la negativa a reconocer la reciprocidad como el primero de los derechos de la humanidad y la negativa a reconocer la capacidad de la Razón para relativizar los absolutos de la conciencia afectiva obligan a unos a la *traición de la Razón*, a otros a la *impotencia de la conciencia afectiva*.

La emancipación de la Razón de su lógica unidimensional permitirá liberar del empirismo las estructuras de producción del valor y desarrollar las estructuras comunitarias.

Concluiremos que el absoluto de la conciencia afectiva y la lógica de la identidad son los dos obstáculos que deben superar las sociedades modernas.

*

FRENTE DE CIVILIZACIÓN
Y
FRENTE DE GENERACIÓN

(2023)

En América del Sur, los colonos europeos se han beneficiado de un inmenso crédito al presentarse como los apóstoles de la Razón; Razón que los Europeos instrumentalizaron a la lógica que era necesaria para comprender y dominar las fuerzas de la naturaleza. Las comunidades indias se "aculturizaron" en gran medida para apropiarse de los beneficios de la ciencia, pero se dieron cuenta demasiado tarde del antagonismo entre el principio fundador de su sistema económico –la reciprocidad– y el del sistema capitalista –la privatización de la propiedad. Los colonos se beneficiaron de un *quid pro quo histórico* para apoderarse sin trabas de las riquezas de las sociedades indígenas. Otros antagonismos han venido a reforzar el *frente de civilización* entre la sociedad occidental y las otras sociedades del mundo. Por ejemplo, el *racismo*. Una palabra sobre esta evidencia muy tardía: la compra y venta de las mujeres durante la colonización. En el proceso colonial este fenómeno ha sido sistemáticamente ocultado[112]. Los

---

[112] Leer por ejemplo: Macarena PERUSSET (Universidad de Buenos Aires, Consejo Nacional de Investigaciones Científicas y Técnicas), "Guaraníes y españoles. Primeros momentos del encuentro en las tierras del antiguo Paraguay", Anuario del Centro de Estudios Históricos, Córdoba (Argentina), Año 8, n° 8, 2008, p. 245-264. Bartomeu MELIÀ dice al respecto: «Según el mecanismo colonial, la amistad y "cuñadazgo" no podía sino derivar hacia el abuso y la violencia. La mujer guaraní es convertida en "pieza" económica, criada, brazo agrícola y procreadora de nuevos brazos. (Nota 3: Cf. Branislava SUSNIK (1965), *El indio colonial del Paraguay I. El guaraní colonial*, Asunción: 10; y también Silvio ZAVALA (1977), *Orígenes de la colonización en el Río de la Plata*, México: 144-146). Dejaron de ser ofrecidas a los "cuñados" y entonces fueron cautivadas y sacadas de sus aldeas y casas en expediciones que llamaban "rancheadas". Refiriéndose al Paraguay, decía Juan Matienzo: "y el que iba tomaba por fuera la mujer y las hijas

españoles, como todos los demás colonos europeos, franceses, italianos, alemanes o portugueses, no se apresuraron solamente por el oro. No se habla de esto en los escritos de aquella época: el tema es tabú. Pero los hombres se han apoderado de las mujeres como de oro. La invasión colonial fue motivada por la riqueza que se podía sacar del saqueo y explotación del trabajo indígena. Pero en un momento dado fue necesario que los colonos transmitieran el capital a sus descendientes para dejar una marca de su gloria terrenal y darse la ilusión de que iba a perdurar más allá de la muerte. Los colonos nombraron herederos y eligieron como hijos legítimos a los hijos a su semejanza; los otros, que se parecían a su madre, se convertían en capataces. Así se ha instaurado una "jerarquía del color". El colonialismo es racista. Sin embargo el racismo latinoamericano se ha constituido sobre la apropiación del capital. Era la mujer autóctona la que criaba a los niños, los alimentaba, les enseñaba a hablar, y todos los niños estadounidenses tienen una madre autóctona gracias a la educación, la tradición y el amor. En Europa, el racismo es totalmente diferente: se ha querido racional y fundado científicamente según la opinión muy difundida de que la vida bastaba para definir la humanidad, el

---

del cacique o de otros principales, las más hermosas que hallaba, y si estaban criando algunas criaturas las dejaban sin haber quien les diese leche…" (Nota 4: Juan Matienzo, Gobierno del Perú. París-Lima (1967: 292), cit. por Zavala 1977: 136). La mujer "pieza" pasó a ser vendida, comprada, trocada o jugada en una mesa de naipes. La documentación al respecto, sobre todo a partir de 1545, es abrumadora y continua». Bartomeu MELIÀ, "Las Identidades que vienen del Colonialismo", *Diálogo Indígena Misionero*, Coordinación Nacional de Pastoral Indígena, noviembre 2016/ n° 73/ Año XXIV, Asunción del Paraguay (p. 18).

"materialismo biológico". Y puesto que la ciencia descubrió que los caracteres morfológicos de los individuos estaban determinados genéticamente, los racistas dedujeron que los caracteres psicológicos también debían serlo. Pretendieron que las habilidades del Espíritu están determinadas genéticamente y sostuvieron que la lucha por la supervivencia implicaba la guerra entre las razas y la eliminación de las más débiles por las más fuertes[113]. Pero esta ideología tuvo que superar el hecho de que la conciencia se llamaba a sí misma *revelación* o incluso de origen *divino*. La ideología racista quiso probar su nuevo postulado mediante una prueba de fuerza cuyo principio puede enunciarse de la siguiente manera: si la raza superior eliminaba a los seres humanos que dicen que la conciencia es *revelación* y que esta idea desaparecía, esta desaparición probaría la validez del determinismo biológico de la conciencia. Esta prueba fue llamada la "Solución final". En Europa, la tesis de la *revelación* se basaba en la Tradición religiosa, escrita por los Hebreos. El pueblo judío defiende celosamente el Libro que atestigua esta Tradición, y por eso el nacionalsocialismo lo elige como ejemplo. Inventó una raza tipo que llamó *semita* para definir la comunidad judía. Así el racismo europeo se convirtió en *antisemitismo*. Durante dos mil años, el antijudaísmo cristiano acusó al pueblo judío de deicidio. La combinación de antijudaísmo y antisemitismo, es decir, en el siglo XX, de racismo religioso y racismo político, llevó a los fascistas europeos a entregar

---

[113] Esta ideología fue imposible en Estados Unidos porque los hombres tuvieron que tomar a sus mujeres de los pueblos indígenas y sus hijos eran todos mestizos. El racismo latinoamericano es, pues, muy diferente de la ideología europea.

las poblaciones judías a las empresas de exterminio nacional-socialistas. Millones y millones de hombres y mujeres y niños fueron transportados durante cuatro años por las policías europeas a las cámaras de gas industriales. El *crimen contra la humanidad*, preparado por el *integrismo religioso*, pudo materializarse gracias al *materialismo biológico* en nombre de la Razón científica.

Por extraño que pueda parecer, el *materialismo biológico* sigue influyendo bajo las apariencias del *liberalismo económico*. En efecto, en la sociedad capitalista, existen personas que sostienen que la *vida* es el principio de la economía. Su fe y su razón pretenden apoyarse en las *leyes de la naturaleza*. El error es evidente porque la economía se basa en los objetivos que se propone la *comunidad* humana. Ninguna inversión puede legitimarse entre los hombres a partir de un determinismo biológico. La ideología que esclaviza la razón al egoísmo encuentra su límite en todas las comunidades de reciprocidad donde la dignidad humana no es una función del poder de unos sobre otros sino de los valores éticos creados entre unos y otros.

Recordemos que los sentimientos de la ética nacen de la reciprocidad según el modelo de la *justicia* ("la madre de todas las virtudes" según el Filósofo), y que la justicia tiene esta extraordinaria propiedad de no ignorar la naturaleza, sino al contrario de aferrarlo al poder de la ética, la conciencia, por la razón. En efecto, la *justicia* se traduce en *igualdad*, y sabe cómo se crea la igualdad: el *compartir*. Por tanto, la Razón no puede estar subordinada a la vida (o a su lógica), porque está justificada por la Conciencia. La ideología que pretende imponer a la Conciencia relaciones de fuerza que se declaran racionales porque están verificadas por la física o la biología es una *Traición de la Razón*.

Quisiera retomar aquí la discusión emprendida con los responsables de Ad Mapu en Puerto Montt y Temuco en 1983. Observo bien que para Marx, la propiedad se basa en la apropiación de la naturaleza y que para el, esta apropiación es sinónimo de producción económica. Karl Marx reconoce que esta producción es originariamente obra del clan o de familias individualizadas, y la califica para ello de colectiva o privada. Observa, pues, que la propiedad de uso depende del modo de relación entre los hombres, pero no profundiza cuáles son los diversos modos de relación a su disposición: la antropología de su tiempo (la antropología de Morgan) no lo permitía. En particular, nadie había establecido todavía que todas las sociedades del mundo se constituyeran a partir del principio de reciprocidad, y que éste fuera el "umbral entre la naturaleza y la cultura", reconocido bajo el nombre de prohibición del incesto. Sin embargo, cuando anuncia que los medios de producción escaparán a la privatización de los capitalistas, que liberarán el trabajo humano de sus limitaciones y que permitirán finalmente a todos trabajar libremente para los demás, da la clave del futuro. Su himno al trabajo recíproco es la culminación de lo que propone como objetivo de las luchas sociales[114].

---

[114] «Supongamos que producimos como seres humanos: cada uno de nosotros se afirmaría doblemente en su producción, el sí mismo y el otro. En mi producción, realizaría mi individualidad, mi particularidad; experimentaría, al trabajar, el goce de una manifestación individual de mi vida y, en la contemplación del objeto, tendría la alegría individual de reconocer mi personalidad como una fuerza real, concretamente aprehensible y que escapa a toda duda. En tu goce o en el empleo de mi producto, yo tendría el goce espiritual de satisfacer con mi trabajo una necesidad humana, de realizar la naturaleza humana y de suministrar,

Fue necesario esperar hasta mediados del siglo XX para que se demostrara que dentro del clan reina la reciprocidad de compartir, y que no existe una familia humana que no esté constituida por la alianza de dos familias, es decir, que no se base en el principio de reciprocidad. La reflexión antropológica confirmó que la apropiación de la naturaleza, ya sea colectiva o familiar, está siempre bajo control del principio de reciprocidad, es decir, del modo de relación que funda la humanidad entre los seres humanos. La razón de esto es obvia: tan pronto como sabemos que la conciencia sólo puede dar un significado universal a las relaciones económicas mediante su inserción en estructuras de reciprocidad, la apropiación de la tierra sólo puede ser recíproca entre los hombres.

El equipo directivo de Ad Mapu escuchó mis argumentos para abrir un segundo frente en la lucha contra el sistema capitalista y para concebir las comunidades de reciprocidad como avanzadillas de una sociedad postcapitalista, siempre que se apropien de la teoría de la reciprocidad. Así podrán desplegar una alternativa económica basada en el reparto y la reciprocidad. Ad Mapu

---

para la necesidad del otro, el objeto de su necesidad. Tendría conciencia de servir de mediador entre tú y el género humano, de ser reconocido y sentido por ti como un complemento de su propio ser y como una parte necesaria de ti mismo, de ser aceptado en tu espíritu como en tu amor. Tendría, en mis manifestaciones individuales, la alegría de crear la manifestación de tu vida, es decir, de realizar y afirmar en mi actividad individual mi verdadera naturaleza, mi sociabilidad humana (*Gemeinwesen:* esencia común). Nuestras producciones serían otros tantos espejos en los que nuestros seres irradiarían del uno al otro. En esta reciprocidad, lo que sería hecho desde mi lado lo sería también del tuyo». Karl MARX, *Œuvre*, t. II, *Economía y filosofía*, Manuscritos de 1844, I Notas de lectura, §. 22. "La producción humana".

respondió que lo urgente era unir a todas las fuerzas sociales en la lucha internacional que, en ese momento, recurría a la fuerza armada. ¿Frente de civilización o frente de clase?

La alternativa propuesta en aquel momento, el etnodesarrollo, ha evolucionado mucho. La frontera de la civilización que abrazaba los límites territoriales impuestos por la colonización se ha convertido en **interfaz de sistema** entre territorialidades diferentes pero entrelazadas. Sin embargo, este dualismo no tiene en cuenta la situación en la que el hombre es capaz de conjugar los dos sistemas articulando uno sobre otro, porque sólo se reconocía la articulación del sistema de reciprocidad sobre el sistema capitalista. La inversa, la articulación del sistema capitalista sobre el sistema de reciprocidad apenas se vislumbra hasta hoy, aunque aparezca en Chile en los análisis como los de Guillermo Bonfil Batalla o de Bartomeu Melià publicados ya hace cuarenta años por los Mapuche, y en las de Milan Stuchlik[115].

---

[115] Y otros... La cuestión no es sencilla. La historia reciente de las Comoras puede servirnos de ejemplo. Se trata de una sociedad constituida a partir de inmigrantes procedentes de diferentes comunidades de reciprocidad (indias, malgaches, africanas) donde el principio de reciprocidad florece en todas partes. Sin embargo, el archipiélago se dividió en una isla, Mayotte, que decidió integrarse en Francia, y las demás islas, las Comoras, que optaron por la independencia. Las Naciones Unidas han reconocido que Mayotte pertenece al archipiélago de las Comoras. Pero Francia se apoya en la voluntad de los Maorí anclada a los intereses adquiridos por su integración en la sociedad francesa, porque el derecho francés les concede grandes ventajas y además les da acceso a relaciones de *reciprocidad elegida* siempre que contribuyan al desarrollo del propio sistema capitalista. Al convertirse en francés, el Maorí puede convertirse

La dificultad está hoy superada por la idea de una reforma constitucional del Estado que repudiaría el lucro como criterio del crecimiento económico, protegiendo al mismo tiempo el carácter *privativo*[116] de la propiedad, es decir, el derecho de cada uno a crear valor mediante su trabajo de manera responsable frente a la sociedad. Para ello, parece necesario respetar íntegramente el concepto de propiedad. **La propiedad universal es inalienable** y no puede ser mutilada de su función de uso. La propiedad de las condiciones de existencia que simbolizan los cuatro elementos (agua, aire, fuego y tierra) es un derecho universal. La propiedad de su techo para una familia es un derecho inalienable, la propiedad común a las familias aliadas en una misma aldea es un derecho inalienable, la propiedad territorial de una comunidad étnica, los recursos que el Estado requiere para toda la sociedad son derechos inalienables. Estos derechos son los de la vida, y son

---

en médico, jurista o matemático, promociones ya casi imposibles a los demás Comoranos. Mejor aún, el mahorés puede beneficiarse de las estructuras de reciprocidad conquistadas por las luchas sociales en Francia como la jubilación, el subsidio de vejez, la seguridad social o la indemnización por desempleo. Esta oferta de emancipación por la aculturación y que articula la reciprocidad sobre el intercambio ejerce un poder de seducción considerable. Frente a ello, los comoranos que han optado por la libertad responsable en el marco de relaciones de reciprocidad independientes deben aceptar la pobreza o incluso la privación material provocada por su aislamiento. Este estancamiento es también el de los Kanak en Nueva Caledonia. Entre la integración y la independencia, la contradicción entre la fidelidad a los ideales de la Revolución Francesa (libertad-igualdad-fraternidad) y el compromiso con la sumisión al capitalismo ha provocado la muerte de millones de hombres: es el *sacrificio* que se ofrecieron las potencias coloniales para amnistiarse de la *Traición de la Razón*.

[116] Y no "privatizado"

imprescriptibles no sólo para los hombres sino para todos los seres vivos. Ahora bien, si la reciprocidad es la condición de la génesis de la conciencia común entre los hombres, entonces el *derecho a la reciprocidad* es el primero y el más fundamental de los derechos de la vida *humana*. Desde el momento en que la noción de *uso* rehabilita el derecho de propiedad a nivel de la familia, del municipio, de la etnia o del Estado, el término de *propiedad privada*, si se quiere conservarlo, debe definirse en el sentido de *propiedad privativa*, es decir ordenada a su función social, y no en el sentido de *privatizada* es decir de *privación del derecho de los demás*, y el *trabajo* debe estar protegido por leyes que excluyan que su uso pueda ser enajenado según las condiciones impuestas por otros. ¿Pero eso es suficiente?

Debemos profundizar la crítica revolucionaria que se contenta con llamar a los hombres a unirse para afrontar el sistema capitalista en su propio terreno. No niego que la lucha armada pueda liberar territorios del dominio capitalista, pero ¿qué alternativa ofrece para estos territorios liberados? La única que se imaginó (la colectivización de los medios de producción) resultó ser un error: la confusión del colectivo y del comunitario. El colectivismo niega el principio fundamental de todas las comunidades sobre el cual Marx mismo fundaba el futuro: el **trabajo recíproco** (cuyo *ngillatun* es la celebración ritual entre los Mapuche). Pero el colectivismo se derrumbó por sí solo.

La desaparición del colectivismo ha desconcertado las luchas anticapitalistas. La ideología liberal que se esforzó por luchar contra la ideología fascista y nacionalsocialista, y al mismo tiempo contra el colectivismo en nombre de la responsabilidad y de la libertad individual, reina hoy sola, pero oculta la cuestión de fondo, porque desnaturaliza la estructura de reciprocidad que engendra la responsabilidad

139

de cada uno frente a los demás, sustituyendo la noción de *valor* por la de *precio* y la noción de reciprocidad por la de libre comercio.

No le faltan argumentos para justificar esta opción. Recordemos los más fuertes: 1°) El liberalismo fue el baluarte de la libertad y de la responsabilidad cuando fueron reprimidas por el colectivismo soviético, aniquilación confirmada por la autocrítica de los comunistas mismos (la *Perestroika* de Mijaíl Gorbachov). 2°) En muchos pueblos de comerciantes, tanto en África como en Asia, el *provecho* es la regla de la ascensión social porque está sometida a una ética engendrada por la reciprocidad de parentesco o religiosa. Parece entonces posible someter en un régimen democrático a la razón al poder del más fuerte en nombre de una ética personal (ética cristiana, por ejemplo, que ordena invertir capital al servicio de la sociedad). 3°) El provecho fue el único medio de conquistar un espacio de libertad para los que huían de sus condiciones de esclavos, o de siervos en los sistemas de reciprocidad desigual, y por lo tanto su condición de supervivencia. 4°) Por último, el principio mismo de la democracia permite elegir el egoísmo como ideal mientras otros puedan emigrar a otro lugar si eligen otro ideal, sin pretender por tanto su eliminación. Algunos, por ejemplo, adoptan la competencia vital como el resultado de su progreso individual a la manera del deportista que quiere probarse a sí mismo que es capaz de superarse por un récord. 5°) El sistema capitalista puede autorizar e incluso alentar a los obreros a ayudarse mutuamente siempre que esta colaboración beneficie al capital. Aunque muchos se dan cuenta de que se trata de un mercado de tontos, el cinismo y la hipocresía también pueden intervenir con el egoísmo para hacerlo más eficaz. Hay que recordar aquí que las ideologías racistas, fascistas, nacionalsocialistas y antisemitas se adornaron con las virtudes más altas: ¿no exaltaba el fascismo el valor en nombre de la solidaridad ligada a una identidad colectiva, y el nacionalsocialismo no predicaba las calidades intelectuales ideales (del superhombre) fijadas a una identidad genética? El capitalismo, en cambio, se enorgullece de la libertad de empresa y de los valores individuales que exige. Así, todas estas buenas razones pueden justificar el crecimiento indefinido de la producción capitalista mientras se desarrolle en medio abierto y los recursos no tengan límite. Y si la libertad no es más que la expresión más alta de la vida, la correlación entre los individuos puede pretender asegurar el crecimiento general de la sociedad.

Sin embargo, todos los pueblos de la tierra que han sido fascinados por la Razón según la definición de la sociedad occidental se han sentido traicionados por el uso que ha hecho de ella la explotación colonial. El resentimiento de los pueblos engañados y arruinados levantó ejércitos. El comunismo les propuso una alternativa. La contuvo en el colectivismo. El capitalismo ha triunfado.

Pero los tiempos cambian. Muchos hombres ya no tienen la posibilidad de emigrar ni de construir las condiciones de su existencia, o se les niegan los medios porque **el sistema del crecimiento ilimitado del capital bajo el impulso del lucro ha encontrado sus límites con los del planeta.**

Un sistema basado en el principio de la vida solo es posible en un mundo abierto donde los recursos son ilimitados. En un entorno cerrado es condenado.

No es solo la Conciencia la que se rebela contra el sistema capitalista, es la Naturaleza la que pone fin a su crecimiento.

Otro discurso

El hombre primitivo (el hombre desnudo) no estaba separado de la naturaleza y no se apropiaba de la tierra; hacía cuerpo con ella y, en el mejor de los casos, abría un claro en el bosque con el hacha de piedra. Pronto puso la tierra a su servicio y le enajenó su fuerza de trabajo mientras la tierra producía más de lo que recibía: una mazorca de maíz por un grano de maíz. Se convirtió en el auxiliar de una relación de reciprocidad entre el trabajo del hombre y el de la vida. La puesta en producción de la tierra permite definir la propiedad por su uso y el disfrute de su producto (*usus* y *fructus*).

La reciprocidad y la complementariedad entre producciones diversificadas conducen al *reparto* y al *mercado*, a la venta y a la compra de *equivalentes de reciprocidad*. Y el intercambio multiplica el mercado en las fronteras de la comunidad de reciprocidad. Así las comunidades pueden comerciar con el extranjero. Sin embargo, el mercantilismo no destruye la economía natural. La transmite. Si el campesino tradicional utiliza en lugar del hacha de piedra la motosierra para abrir el claro en el bosque, consagra aún parte de su trabajo al ciclo económico natural, pero la acumulación monetaria le permite disponer de una mayor libertad de elección en sus adquisiciones. Deja de estar en la situación primitiva de dar su fuerza de trabajo a la naturaleza para que le devuelva el céntuplo porque invierte en el capital monetario al que pide producir beneficios como lo pedía a la tierra. Se apropia del capital monetario como se apropiaba del capital tierra. Se integra en un sistema bancario que multiplica su economía monetaria: sin embargo, la economía monetaria implica aún la reciprocidad en el seno de la sociedad, aunque también suscita la competencia entre sus miembros por el poder, mediante la acumulación de valor de intercambio. Pero si el hombre primitivo hacía cuerpo con la naturaleza y el hombre histórico se ha desprendido parcialmente de ella, el hombre moderno no cuenta más que con el conocimiento (la tecnología) con el fin de un crecimiento indefinido del capital donde el vínculo con la naturaleza se ha vuelto insignificante.

¿Qué ha pasado? ¿Dónde está la *Traición de la Razón*?

Antes de la revolución burguesa, la reivindicación de la propiedad se entendía como la de la propiedad individual para deshacerse del dominio del señor al que estaba anteriormente esclavizada. La lucha contra la servidumbre fue motivada por esta reapropiación de la tierra por parte de quien la trabaja, por la conquista de la propiedad, por la liberación del *usus* del *abusus* del *dominus* (el amo), pero cuando la burguesía tomó el poder, se arrogó el *abusus*. Cambió el significado de la palabra *privado* que significaba *individual* para los campesinos y los obreros, y la propiedad se *privatizó* por la sociedad anónima de la burguesía. La burguesía capitalista define como derecho universal no la propiedad sino la privatización de la propiedad. Desde entonces redistribuyó el *derecho de abuso* de los privilegiados a todos los que en la lucha generalizada entre unos y otros se mostraban más hábiles para acumular la nueva forma del poder, el valor de intercambio fetichizado en el precio de las mercancías.

143

El *fetichismo del valor* se explica por la reificación del valor en un significado objetivo. El trabajo humano fue representado en la fuerza de trabajo que se podía obtener a costa de su reproducción biológica (el salario). Y se justificó la explotación del hombre por el hombre. Cuando la propiedad fue mutilada de su uso social por su privatización, la libertad fue sometida a la arbitrariedad del más fuerte. El *usus* fue reemplazado por el *abusus*, y el *fructus* por el *lucro*. Bajo el pretexto de libertad (arbitraria) y democracia (capitalista) la burguesía instituyó una jerarquía de poder sobre la acumulación del valor de intercambio, el capital. Así pues, se cruzó un umbral por aquellos que se apropiaron de la propiedad de los medios de producción y de la fuerza de trabajo de los demás. Constituyeron una sociedad en la sociedad, la sociedad capitalista. La fraternidad fue reducida a la solidaridad de clase y la conciencia revolucionaria obligada a la lucha de clases.

Pero la competencia entre capitalistas (la disminución tendencial de la tasa de lucro) obligaba a la ampliación del mercado, a la concentración de las empresas, a la reducción de los costes de producción entre los que se contaba en adelante el coste de la fuerza de trabajo. Un sistema así debía colapsar por falta de consumidores solventes, por la sobreproducción inducida por la competencia. Fue la Primera guerra mundial seguida inmediatamente de la revolución de octubre (1918) y luego la "Gran crisis" (1929). El capitalismo tuvo que conceder al proletariado una parte de beneficio para que el crecimiento del capital continuara: el "poder adquisitivo". El *abusus* se relativizó en beneficio del *usus* y del *fructus*. Fue la hora del capitalismo con rostro humano llamado de las "Treinta gloriosas" al día siguiente de la Segunda guerra mundial. Pero no es menos cierto que el consumo permaneció bajo el control del provecho capitalista, cuyo crecimiento está siempre cegado por la lucha por el poder.

Estrechemos más de cerca esta ideología ultraliberal: si se considera que la conciencia, la razón y el pensamiento son atributos de la *vida* (el "materialismo biológico" de Lévi-Strauss, por ejemplo), la economía capitalista se convierte lógicamente en la economía de lo vivo. La energía psíquica se considera una fuerza productiva al servicio de la vida de la sociedad. Pero esto es lo que plantea la pregunta: la vida permite transformar la energía en materia viva, y la subordinación del pensamiento a la vida tiene como consecuencia una sobredeterminación sin límites de esta transformación de la energía en relaciones de fuerza entre los vivos. Ahora bien, para que la vida pueda seguir sacando de la naturaleza los recursos que le son necesarios, el sistema de explotación de ésta debe necesariamente permanecer abierto: la energía transformada en materia viva debe ser ilimitada; de lo contrario, la vida se ve obligada a devorarse a sí misma, a destruir sus formas más primitivas para alimentar sus formas más evolucionadas. Y observamos esto ante nuestros ojos cuestionando la subordinación del pensamiento a la vida: en el siglo pasado, la combustión de los concentrados fósiles de la materia orgánica (el carbón y el petróleo) no era más que una señal del proceso que hoy se acelera. La destrucción de formas esenciales de vida, como el bosque en la tierra o el plancton en el mar, ya no es solo un signo, sino un síntoma. La desaparición acelerada de la biodiversidad es más que un síntoma: obliga a un diagnóstico. Así, la ideología liberal debe afrontar los límites de la tierra que ponen fin a todo crecimiento biológico ciego a menos que conduzca a la guerra.

El capitalismo es apoyado por personas para las que el destino del planeta no importa, y que pueden decir: que los que se interesan por la humanidad se ocupan de él, porque por nuestra parte, nuestro objetivo es disfrutar de la vida tanto como está en nuestro poder. Aceptan la idea de que para sobrevivir la humanidad pueda autodestruirse (la guerra biológica o física les parece posible). Es el fantasma de las personas que subordinan el pensamiento a la vida, y utilizan la vida como poder, es el fantasma de los herederos del racismo y del antisemitismo. El imaginario del capitalismo es la lucha de una forma de vida más eficaz contra una forma de vida menos eficiente. El error está aquí en la confusión de la vida espiritual y de la biología. La interfaz entre la reciprocidad creadora de los valores humanos y la no reciprocidad del poder de dominio de unos sobre otros es una contradicción sistémica distinta de la contradicción dialéctica del más vivo con el menos vivo, pero es más fundamental.

La ciencia es ahora formal en este punto: la energía psíquica es distinta de la de biología. La vida del Espíritu es la capacidad de la conciencia de liberarse de todo determinismo, incluida la diferenciación biológica. Se caracteriza por una autonomía (la libertad) que algunos dicen todavía sobrenatural porque reservan el adjetivo natural a las fuerzas físicas y biológicas, pero que en realidad es intrínsecamente constitutiva de la naturaleza al igual que la energía física y la energía biológica. La relación de reciprocidad entre los hombres que fundamenta la sociedad no es una interacción física o biológica, sino una relación basada en el principio de reciprocidad. Y esto es lo que dice la resistencia de los Mapuche a la colonización durante la celebración de su rito fundador: el *ngillatun*.

La próxima generación no podrá evitar la catástrofe anunciada si no pasa la página del capitalismo como las anteriores han pasado la página del racismo y del fascismo. La propiedad de los medios de producción no es solo el tema de la lucha de clases ni del sistema de producción basado en la privatización de la propiedad, sino del sistema de producción basado en el modo de relación de los hombres entre sí que permite a la Conciencia emerger en la naturaleza como libre y soberana. En esta línea de frente todo el mundo puede reconocerse al signo de la reciprocidad generalizada que todas las comunidades del mundo llaman fraternidad. Y esto debe estar consagrado en la Constitución.

*

Otras contribuciones de Dominique Temple publicadas por los Mapuche:

— "Todo indica que el aymara sea capaz de traducir una lógica del Tercero incluido", *Huerrquen - Ad Mapu,* edición al cuidado de RAYEN KVYEH (Rosa Zurita), Comité Exterior Mapuche, mayo de 1986, p. 11-15.

— "Estructura comunitaria y reciprocidad" (primera parte), *Huerrquen - Ad Mapu,* Comité Exterior Mapuche, mayo de 1986, p. 26-31.

— "Estructura comunitaria y reciprocidad" (secunda parte), *Huerrquen - Ad Mapu,* Comité Exterior Mapuche, junio-diciembre de 1986, p. 12-17 (Ponencia expuesta en Temuco-Chile, enero de 1986).

BIBLIOGRAFÍA

AD MAPU, *Documentos sobre ideología, filosofía y política de la indianidad*, julio de 1982.

Ad Mapu, *Carta al Señor Presidente de la República*, General de ejercito, Augusto Pinochet Ugarte, Palacio de la moneda, Santiago, 6 de agosto de 1982.

Ad Mapu, Resoluciones de la III Jornada nacional de la *Asociación Gremial de Pequeños Agricultores y Artesanos*, Temuco, 27 de enero 1983.

BACIGALUPO Ana Mariella, "Rituales de Género para el Orden Cósmico: Luchas Chamánicas Mapuche por la Totalidad", *Revista Chilena de Antropología*, n° 17, 2003, p. 47-74.

BENGOA José, *La división de las tierras mapuches*, serie documentos de trabajo n° 2, Grupo de Investigaciones Agrarias, Academia de Humanismo Cristiano, Santiago de Chile, julio de 1980.

BENGOA José, *Las economías campesinas mapuches*, Serie documentos de trabajo n° 6, Grupo de Investigaciones Agrarias, Academia de Humanismo Cristiano, Santiago de Chile, octubre de 1981 p. 1-40.

BENGOA José, *Trayectoria del campesinado chileno*, Grupo de Investigaciones Agrarias, Academia de Humanismo Cristiano, Santiago de Chile, julio de 1982.

BENGOA José y VALENZUELA Eduardo, *Economía mapuche. Pobreza y subsistencia en la sociedad mapuche contemporánea*, editado por PAS, Santiago, Chile, 1980.

BOHME BELLO Erich, "El Nguillatún de los mapuches: Antropología económica de un hecho social total", *Revista de Historia y Geografía*, n° 30, 2014, p. 37-56.

BULNES Gonzalo A., *Los Mapuches y la Tierra*, Pequeñas ediciones INC, Rotterdam, 1980.

CASAMIQUELA Rodolfo Magín, *Estudio del nillatún y la religión araucana*, Bahía Blanca, Instituto de Humanidades, Universidad Nacional del Sur, Argentina, 1964.

Cuadernillo de Información Agraria, n° 12 "El pueblo mapuche: historia antigua e reciente", Grupo de Investigaciones Agrarias, Academia de humanismo cristiano, Santiago, Chile, marzo de 1984.

GRAPPE Christian y MARX Alfred, *Le sacrifice: vocation et subversion du sacrifice dans les deux Testaments*, coll. «Essai biblique», n° 29, Labor et Fides, Genève, 1998.

GREBE María Ester, PACHECO Sergio y SEGURA José, "Cosmovisión mapuche", *Cuadernos de la realidad nacional*, n° 14, 1972, p. 46-73.

HARNER Michaël J., *The Jivaro. People of the Sacred Waterfalls*, New York, Anchor Press, 1972.

HUERRQUEN-AD MAPU, Revista del Comité Exterior Mapuche, Rayen KVYEH (Rosa ZURITA) (Coord.), mayo de 1986 (p. 11-15 y p. 26-31) y junio-diciembre de 1986 (p. 12-17).

JARA Álvaro, *Legislación indigenista de Chile*, (recopilación e introducción de), Ediciones Especiales del Instituto Indigenista Interamericano, México D.F., 1956.

LÉVY-BRUHL Lucien, *Le surnaturel et la nature de la mentalité primitive*, paris, Alcan, 1931.

LÉVI-STRAUSS Claude, *Les Structures élémentaires de la parenté* (1ª ed. 1949), 2a ed. Paris-La Haye, Mouton & Co, 1967.

LÉVI-STRAUSS Claude, *Anthropologie Structurale*, Paris, Plon, 1958.

MARX Karl, *Œuvre*, t. II, *Economía y filosofía*, Manuscritos de 1844, I Notas de lectura, §. 22. "La producción humana".

MELIÀ Bartomeu, "Las Identidades que vienen del Colonialismo", *Diálogo Indígena Misionero*, Coordinación Nacional de Pastoral Indígena, noviembre 2016/ n° 73/ Año XXIV, Asunción-Paraguay.

MELIÀ Bartomeu y TEMPLE Dominique, *El don, la venganza y otras formas de economía guaraní*, Centro de Estudios Paraguayos "Antonio Guasch", Asunción del Paraguay, 2004, 258 p.

MÉTRAUX Alfred, *Religión y magias indígenas de América del Sur*, (Miguel RIVERA DORADO, traducción), Madrid, Aguilar, 1973.

PERUSSET Macarena, "Guaraníes y españoles. Primeros momentos del encuentro en las tierras del antiguo Paraguay", *Anuario del Centro de Estudios Históricos*, Córdoba (Argentina), Año 8, n° 8, 2008, p. 245-264.

SUSNIK Branislava, *El indio colonial del Paraguay*, Tomo I *El guaraní colonial*, Asunción, 1965.

STUCHLIK Milan, *en* Tom D. DILLEHAY (Dir.), *Estudios antropológicos sobre los Mapuches de Chile sur-central*, Temuco, Pontificia Universidad Católica de Chile, 1976.

STUCHLIK Milan, *Sistema de terratenencia de los mapuches contemporáneos*, Conferencia presentada en el XXXIX Congreso de Americanistas, Lima, 1970.

STUCHLIK Milan, *Organización de la producción entre los mapuches contemporáneos, formas de colaboración y relaciones económicas*, Corporación de la Reforma Agraria, Temuco, Chile, marzo de 1971.

TEMPLE Dominique, *Teoría de la Reciprocidad*, Tomo I *La Reciprocidad y el nacimiento de los valores humanos*, Tomo II *La economía de reciprocidad*, Tomo III *El frente de civilización*, 1ª ed. La Paz, 2003, 2ª edición revisada, Lulu Press Inc., 2024.

TEMPLE Dominique, *El Quid-pro-quo Histórico. El malentendido recíproco entre dos civilizaciones antagónicas*, La Paz, Aruwiyiri, 1997, reedición en *Teoría de la Reciprocidad*, Tomo III; versión francesa revisada y aumentada: *Le Quiproquo Historique*, collection «Réciprocité», n° 12, Francia, Lulu Press Inc., 2018.

TEMPLE Dominique, *La dialéctica del don*, 1ª ed. La Paz, Hisbol, 1986, Reed. 1995, 3ª edición en *Teoría de la Reciprocidad*, Tomo II *La economía de reciprocidad*, 1ª ed. La Paz, 2003, 2ª edición revisada, Francia, Lulu Press Inc., 2024.

TEMPLE Dominique y CHABAL Mireille, *La réciprocité et la naissance des valeurs humaines*, Paris, L'Harmattan, 1995; traducción en español "La reciprocidad y el nacimiento de los valores humanos", publicado en el Tomo I de la *Teoría de la Reciprocidad*.

Sobre la Teoría de la Reciprocidad, véase el sitio web del autor, en francés y en español: http://dominique.temple.free.fr

www.ingramcontent.com/pod-product-compliance
Lightning Source LLC
Chambersburg PA
CBHW070807280326
41934CB00012B/3090